写在前面的话

银行卡是西方人的发明。传到中国后，银行卡快速发展，用途广泛：各种消费离不开银行卡、债务清算离不开银行卡、存钱取钱离不开银行卡、贷款买房买车离不开银行卡、薪酬发放离不开银行卡，甚至连吃上一份早点和街边小店买点零食恐怕也都离不开银行卡了。银行卡与我们的生活密切相关，很多持卡人已习惯刷卡消费，很难再离开它。银行卡诞生于良好的信誉基础，也会毁于无耻的赖账品行。使用银行卡的人在享受其诸多方便和实惠的同时，也要看到一个人的信用比什么都重要、更可贵。写这本小册子的初衷是向广大读者介绍国内主要品种银行卡的使用规则和使用技巧，希望给您的出行、消费和理财带来更多的方便和启示，给您挖掘更多的用卡“秘密”。

需要说明的是，银行卡的发展已经大大超出了我们的想象，发卡银行对银行卡的使用规则也在不断调整。本书的责任不是向大家提供规则或教条，主要介绍日常生活中如何正确使用银行卡。

作者写于融科香雪兰溪

2015 年 6 月

财经知识读本

漫话银行卡

胡冬鸣　编著

中国财政经济出版社

图书在版编目（CIP）数据

漫话银行卡／胡冬鸣编著．—北京：中国财政经济出版社，2015.8

（财经知识读本）

ISBN 978-7-5095-6275-8

Ⅰ.①银… Ⅱ.①胡… Ⅲ.①信用卡-基本知识-中国 Ⅳ.①F832.46

中国版本图书馆CIP数据核字（2015）第142967号

责任编辑：李　冰　　　　责任校对：杨瑞琦

封面设计：汪俊宇　　　　版式设计：董生平

插　　图：周　荥

中国财政经济出版社 出版

URL：http：//www.cfeph.cn

E-mail：cfeph@cfeph.cn

社址：北京市海淀区阜成路甲28号　邮政编码：100142

营销中心电话：88190406　北京财经书店电话：64033436　84041336

北京中兴印刷有限公司印刷　各地新华书店经销

880×1230毫米　32开　6.875印张　106 000字

2015年8月第1版　2015年8月北京第1次印刷

定价：28.00元

ISBN 978-7-5095-6275-8/F·5055

（图书出现印装问题，本社负责调换）

本社质量投诉电话：010-88190744

打击盗版举报热线：010-88190492，QQ：634579818

财经知识读本编写委员会

策　　划：李　冰　胡冬鸣　刘　畅

编写人员：胡冬鸣　田春丽　王　静

目　　录

1.
借记卡、贷记卡、准借记卡各领风骚

借记卡是指先存款后消费（或取现）且不具备透支功能的银行卡。借记卡是一种具有转账结算、存取现金、购物消费等功能的信用工具。借记卡内设有活期存款账户，账户的金额按活期存款计付利息。如果借记卡只适用于本地商户，通常会印有发卡机构的标志及其适用的处理系统。国际通行的借记卡外表与贷记卡一样，并于右下角印有国际支付组织的标志。它通行于所有接受贷记卡的销售点。唯一的区别是：当使用借记卡时，金额会自动从银行账户扣除，而不是算入信用额度内。

“借记”意味着“扣除”。持卡人消费的付款是从自己的银行账户中扣除相应金额，即持卡人花的是自己账户中的钱，不存在借钱消费。借记卡以

个人结算账户为基础账户，此外还可以勾连活期一本通、定期一本通、零存整取、存本取息、个人支票及贷记卡等多个账户，实现勾连账户之间的转账，更可免除携带多个存折的不便及风险。借记卡的主要功能描述如下：

（1）ATM 服务：可全天 24 小时在银行 ATM 上办理存款、取款、转账、更改密码、查询余额等各项业务，并可在其他银行带有“银联”标志字样的 ATM 上办理取款和查询等业务，不受网点营业时间限制、方便快捷。

（2）购物消费：凭卡及预留密码，可在中国境内银行特约商户和带有“银联”标志的商户（商场、酒店、娱乐场所等）刷卡消费，无须支付任何手续费，一卡在手，为您免去携带现金的诸多麻烦。国内多家商业银行发放的借记卡均开通了在我国香港和澳门地区刷卡消费和 ATM 取现服务。

（3）网上银行服务：持借记卡申请电话银行、网上银行服务，使您随时掌握账户动态，便捷缴纳各种公用事业费用，了解最新的汇率及利率信息，实现轻松理财。

（4）投资理财：通过借记卡可方便办理各种金融投资业务，包括记账式国债、开放式基金、抄汇、银证转账等，方便您统一管理和调动资金，使您的资金实现保值和增值。

（5）生活服务：国内众多商业银行为各类企事业单位提供“代发工资”服务，还为个人客户提供缴纳水、电、煤气、电话和手机等各种公用事业费用的服务，生活从此轻松。

由于具有易用性和普及性，借记卡也是电子贸易中最普遍使用的支付工具之一。全球超过 2 000 万家销售网点接受国际名牌的签名式借记卡。易用是借记卡越来越受欢迎的重要原因。借记卡不但能帮您省却携带现金的麻烦，而且使用起来也更方便，对账单还可以清晰地显示所有交易记录。

借记卡应妥善存放。切勿把借记卡交给或借给任何人。切勿将借记卡放在磁性物体附近，包括手机和其他电子用品周围。借记卡与身份证件最好分开存放保管。从安全角度考虑，目前借记卡具有和贷记卡一样的安全保障。需要强调的是，发卡机构虽向您提供消费保障，但并不表示您可以不在意您的借记卡；借记卡如同装钱的钱包一样，应妥善保管。

如果您在激活借记卡的时候设置了查询密码和支付密码，则在购物和查询余额信息时您须要输入个人密码。目前，持卡人需要在借记卡的背面预留签名字样，持卡人购物时像使用贷记卡一样需在收据上签名。目前有些国家借记卡只要求使用密码操作，而有些国家借记卡则凭签名确认。不论借记卡的具体使用规定如何，您在购物时的金额都会自动从您的账户中扣除。借记卡在 ATM（自动柜员）机上提款都需要个人密码。国内大多数银行在发卡时会给您一个初始密码，您在电话激活后应重新预置新密码。对于借记卡的使用在以下几个方面要特别引起注意：

（1）**卡片保管**：一旦借记卡丢失或被盗就存在被冒用或伪造的风险。应像保管现金一样保管卡片，不可随手放置，更不能转借他人。身份证件和借记卡应分开保管。

(2) **密码保护：** 妥善保管好借记卡的密码，泄漏密码会给您带来极大的风险。有些借记卡要求持卡人设置交易、取款、查询、登录等多个密码，应注意交易和取款密码尽量不要与其他密码相同。密码设置应易记且难以破译。不要将多个重复数字、过于简单的数字、电话号码、个人身份证号码、自己生日或其他易被他人获取的个人资料作为密码使用。不要将密码告诉任何人，包括银行工作人员、公安人员。刷卡消费、转账和取款输入密码时，要注意用手和身体进行有效遮挡，并注意头顶位置是否安装有摄像装置。通过自动柜员机修改密码时，请确认没有人看见您输入的密码。领卡时请首先检查密码信封是否完好无损，如已破损，请勿使用，应立即与银行工作人员联系，办理密码重置业务；如无破损，签领后请立即在自助设备或通过发卡银行服务热线更改密码，并销毁密码信封。

(3) **信息保护：** 注意保护借记卡卡号、身份证件号码等，不要随意丢弃填写了个人信息的书面材料或刷卡单据。作废的载有个人信息的银行单据应在银行大堂提供的碎纸机进行切碎处理。个人信息变更，应及时通知银行，以便和银行保持联系。

（4）**及时挂失**：发现卡片丢失或被盗后，应马上拨打银行客服电话或到就近银行网点迅速挂失，以将损失降到最低。如需密码挂失，可通过银行网点、电话银行等渠道办理；如需修改密码，可通过银行网点、ATM 机、电话银行渠道办理。

贷记卡是指发卡银行给予持卡人一定的信用额度，持卡人可在信用额度内先消费，后还款的支付凭证。贷记卡是真正意义上的信用卡，具有信用消费、转账结算、存取现金等功能。它具有先消费后还款，享有免息缴款期（最长可达 56 天），并设有最低还款额，客户出现透支可自主分期还款的特点。贷记卡由银行或贷记卡公司依照用户的信用度与财力发给持卡人，持卡人持卡消费时无须支付现金，待还款日时再进行还款。

贷记卡相比借记卡来说，最方便的使用方式就是可以在卡里没有现金的情况下进行普通消费，在很多情况下只要按期归还消费的金额就可以了。其主要的优势体现在以下几个方面：不需要存款即可透支消费，并可享有 20—56 天的免息期；消费金额按时还款不收利息（大部分银行取现当天会收取 5‱的利息，还有 2% 的手续费，工商银行取现免收手续费，只收利息）；购物时刷卡不仅安全、方便，还有积分礼品赠送；持卡在银行的特约商户消费，可享受折扣优惠；积累个人信用，在持卡人的信用档案中增添诚信记录，让持卡人终生受益；通行全国无障碍，在有银联标识的 ATM 和 POS 机上均可取款或刷卡消费（贷记卡只适合消费刷卡，最好不要取现，取现手续费用较高，很不划算，主要是应急时使用并注意及时还款）；刷卡消费、部分贷记卡取现有积分，全年多种优惠及抽奖活动，让持卡人只要用卡就能时刻感到惊喜（多数贷记卡网上支付无积分，但网上购物支付很方便、快捷）；每月免费获得邮寄的纸质对账单或者是电子对账单，让持卡人透明掌握每笔消费支出；特有的附属卡功能，适合夫妻共同理财，或掌握子女的财务支出；自由选择的一卡多币形式，通行全世界，境外消费可以境内人民币还款；客服电话 24 小时昼夜服务，挂失即时生效，失卡零风险；国内贷记卡有效期一般为三年或五年；利用第三方平台进行商务合作，为持卡人提供优惠服务。

贷记卡像一把双刃剑，可以解决经济上的暂时危机，但银行发行贷记卡的目的是赚钱，一旦超过无息还款的时间，就会收取高额的利息，一般是每日万分之五的利息。而且刷卡不像付现金那样一张一张把钞票花出去，它使人在不知不觉间就产生消费，往往导致盲目消费，花钱如流水。持卡人在笔记本分期，数码相机分期，智能手机分期，提前享用自己心仪物品的同时，更要考虑是否有能力偿还。如果持卡人不会打理贷记卡，导致最后还款日到了也不能如期还款，银行会收取高额利息，通常贷记卡的首月最低还款不得低于其当月透支金额的10%。目前国内流行的贷记卡基本上都有年费，但基本上又都有免年费的政策，比如建行一年只要刷三次就可以免了；工商银行一年刷卡六次则才可免年费。但是如果持卡人一年没刷卡达到银行指定的次数，就需要收取年费。目前国内贷记卡基本上默认的是凭密码刷卡消费，这就很容易在丢失或被盗时被别人盗刷，造成不必要的麻烦或损失。很多人缺乏经验，注销了贷记卡后没销户，被一些不法分子重新申请贷记卡透支，白白损失，很不值得。值得注意的是，长期恶意欠款，自然会影响个人信用记录，甚至被银行列入黑名单，以后要向银行贷款买房买车，就会有可能被银行拒绝。各家银行的免息还款期见表1。

表 1　　中国多家商业银行信用卡免息还款期　　单位：天

商业银行	免息还款期
中国银行	20—50
建设银行	20—50
工商银行	25—56
农业银行	25—56
交通银行	25—56
中信银行	20—50
招商银行	20—50
光大银行	20—50
兴业银行	20—50
民生银行	20—50
平安银行	20—50
农商银行	25—56
华夏银行	25—56

准贷记卡是一种具有中国特色的贷记卡，目前国外并没有这种类型的信用卡种投放。准贷记卡是在 20 世纪 80 年代后期中国银行业从国外引入后推出的自有信用卡产品。因为当时中国个人信用体制并不是很完善，中国银行业对国外的信用卡产品进行了一定的更改，将国外传统的信用卡存款无利息、透支有免息期更改为存款有利息、透支不免

息。准贷记卡兼具贷记卡和借记卡的部分功能，使用时先存款后消费，存款计付利息。持卡人购物消费时可以在发卡行核定的额度内进行金额透支，且没有免息还款期和最低还款额，但透支金额自透支之日起计息，且欠款必须一次还清，其基本功能是转账结算和购物消费。

国内大部分银行规定，您使用借记卡在发卡银行当地营业柜台或该行当地自助设备上存取现金，无须缴纳任何费用，但如果是在发卡银行异地营业网点和自助设备上存取现金或是通过银联等网络进行跨行（在非发卡银行）存取现金、查询余额等交易，需要支付相应的手续费。

借记卡、贷记卡、准贷记卡的主要区别如表 2 所示。

表 2　　借记卡、贷记卡、准贷记卡的区别

区别项目	借记卡	贷记卡	准贷记卡
用款规则	先存后用	先用后还	先存后用，可适当透支
存款是否计息	存款计息	存款不计息	存款计息
取现手续费	同城取现无手续费	取现收取高手续费	同城取现无手续费
年费水平	年费很低	年费最高	年费介于借记卡和贷记卡之间

续表

区别项目	借记卡	贷记卡	准贷记卡
使用年限规定	无使用年限限制	芯片磁条卡使用年限3—10年 纯芯片卡使用年限3—10年 磁条卡使用年限3—5年	芯片磁条卡使用年限3—10年 纯芯片卡使用年限3—10年 磁条卡使用年限3—5年
对账单提供	不提供对账单，可索取	每月免费提供账单	不提供对账单，可索取
透支特征	不可透支	透支额度较大	透支额度较小
免息还款期	无	免息还款期最长56天	无免息期
透支计息方式		免息期后每天按5‱计复利，超信用额度部分按5%收取滞纳金	透支之日起每天按5‱单利计息
透支天数	无	无透支天数约束	最长透支天数60天

2. 卡面标注 UnionPay、VISA、MasterCard、American Express、Diners Club、JCB 是什么意思

国际上著名的信用卡发卡机构主要有：威士国际（VISA International）、万事达卡国际（MasterCard International）两大组织及美国运通国际股份有限公司（America Express）、大莱信用卡有限公司（Diners Club）、日本国际信用卡公司（JCB）三家专业信用卡公司。此外，地区性的信用卡组织，如欧洲的 Europay、中国的银联、中国台湾地区的联合信用卡中心也都非常出名。使用范围越来越广。

银联，英文全称是 UnionPay，是中国银联组织所发信用卡的标识。中国银联是经中国人民银行批准的、由国内 80 多家金融机构共同发起设立的股

份制金融服务机构，注册资本 16.5 亿元人民币。公司于 2002 年 3 月 26 日成立，总部设在上海。加印“银联 UnionPay”标识的银行卡，必须符合中国人民银行规定的统一业务规范和技术标准，并经中国人民银行批准。双币信用卡上除了有银联的标志外，还有 VISA 或者 MasterCard 或者美国运通（American Express）、JCB 的标志。

“银联”标识推出的目的是为各种自动柜员机和销售点终端机受理各商业银行发行的银行卡提供一种统一的识别标志，以便使不同银行发行的银行卡能够在带有“银联”标识的自动柜员机和销售点终端机上通用，为广大消费者提供方便、快捷、安全的金融服务。银联 UnionPay 是属于中国发卡的信用卡，除了不能用外币，功能上和 VISA、MasterCard 没有什么区别。

VISA 国际组织，英文全称是 VISA、International Service Association，简称 VISA International，是全球性的非营利性组织，由所有愿意发行 VISA 卡（威士卡）的银行共同参与，总部设在美国旧金山。VISA 国际组织将全世界共划分为六大区域执行业务，为各区域会员提供服务及业务推广。VISA 国际组织积极研发推广各项塑料货币产品，如智能卡、转账卡等。VISA 不仅是支付卡或信用产品的代名词，而且以 VISA 为品牌的产品与服务，代表着最安全、最便利及最可靠的支付方式，让消费者能在任何时间、任何地点、以任何方式进行交易。当持卡人使用自己的 VISA 卡进行网上购物时，可配备一组个人密码，以确保只有本人才可以使用。其注册过程十分简单，并且这项服务是免费的。

VISA 是全球最富盛名的支付品牌之一。VISA 全球电子支付网络“VISA Net”是世界上覆盖面最广、功能最强和最先进的消费支付处理系统，它不断履行 VISA 卡通行全球的承诺。目前，全世界有超过 2 000 万个特约商户接受 VISA 卡，有超过 84 万台支持 VISA 支付的 ATM 机遍布世界各地。VISA 国际组织本身并不直接发卡。在亚太区，VISA 国际组织有超过 700 个会员金融机构发行各种 VISA 支付工具，包括信用卡、借记卡、公司卡、商务卡及采购卡。VISA 分别于 1993 年和 1996 年在北京和上海成立代表处。VISA 在国内拥有包括银联在内的 17 家中资会员金融机构和 5 家外资会员银行。

万事达卡国际组织（Master Card International Incorporated）同样是全球性的非营利性组织，由所有愿意发行 MasterCard 卡的银行共同参与。除提供全球信用卡网络及清算外，万事达卡国际组织积极研发推广各项塑料货币产品，如转账卡、储值芯片卡、白金卡等。万事达国际组织于上世纪 50 年代末至 60 年代初期创立了一种国际通行的信用卡体系，旋即风行世界。1966 年，万事达卡国际组织的前身只是一个初步组成的银行卡协会（Interbank Card Association）组织。1969 年银行卡协会购下了 Master Charge 的专利权，统一了各发卡行的信用卡名称和式样设计。随后十年，将 Master Charge 原名改名 Master Card。万事达卡国际组织是一个包罗世界各地财经机构的非牟利协会组织，其会员包括商业银行、储蓄与贷款协会以及信贷合作社。万事达卡国际组织基本目标始终不渝：促进国内及国外会员之间的银行卡资料交流，方便发行机构进军银行卡及旅行支票市场，共同谋求发展。万事达国际卡目前主要有万事达和万事顺两个产品。其中的万事达卡可以脱机使用，受理该卡的商家非常多，而万事顺只能联机使用。

VISA 和 MasterCard 是世界两大信用卡组织，在功能上两种卡没有什么实质性区别。一般美洲用 VISA 比较多，欧洲用 MasterCard 比较多。

美国运通（American Express）自 1958 年在美国发行第一张运通卡以来，其使用者目前已遍布全球 68 个国家和地区。美国运通卡以 49 种货币发行了运通卡，构建了全球最大的自成体系的特约商户网络，并拥有超过 6 000 万名的优质持卡人群体。成立于 1850 年的运通公司，最初的业务是提供快递服务。随着业务的不断发展，运通于 1891 年率先推出旅行支票，主要面向经常旅行的高端客户。可以说，运通服务于高端客户的历史长达百年，积累了丰富的服务经验和庞大的优质客户群体。1958 年，美国运通推出第一张签账卡。百年老店的信誉和世界知名的品牌，使当时红极一时的猫王也成为它的第一批持卡人。很多经常旅行的生意人成为美国运通卡这一新兴产品的积极申请者。在美国运通卡开业时，签约入网的商户便超过了17 000多个，特别是美国旅馆联盟的15万卡户和4 500个成员旅馆的加入，标志着银行卡终于被美国的主流商界所接受。

大莱信用卡（Diners Club）是美国大莱信用卡公司发行的信用卡。大莱信用卡公司的前身是在1950年春天，由麦克纳马拉与他的合伙人施奈德合伙投资，并在纽约注册成立的信用卡公司“大莱俱乐部”（Diners Club International），后改组称作大莱信用卡公司。大莱俱乐部成立之初实行会员制，向会员提供一种能够证明身份和支付能力的卡片。最初他们与纽约市的14家餐馆签订了受理协议，并向一批特定的人群发放了“大莱卡”。会员凭卡可以在餐馆实行记账消费，再由大莱公司做支付中介，为消费双方之间进行账务清算。信用卡的雏形由此诞生。

JCB 信用卡和大莱卡是日本信用卡产业发展史上发行最早的两个卡品牌。当时美国的大莱信用卡公司于 1960 年在日本成立了日本大莱信用卡公司，并向当地的高端客户发行大莱卡，但大莱卡的发卡量微乎其微。JCB 成立之后，决定选择与大莱发行的高端用户卡不同的道路，把卡片定位于大众化的 JCB 卡，并大获成功。处于日本信用卡产业发展初期的 JCB，不论在发卡量，还是在交易额上都领先于其他信用卡公司，在 20 世纪七八十年代间业务量成倍快速增长，JCB 卡迅速成为了日本使用最普及的信用卡。

使用信用卡需要注意以下几个方面：境外网上支付跟国内的网上银行毫无关系。境外网上支付，需要提供您的卡号、名字、卡片有效期、CVV，其中 CVV 是指您卡片背面签名条的后 3 个数字，请注意保护好这个东西。而为了应对盗刷问题的普遍存在，VISA 和 MasterCard 搞了一个 3D 验证系统，其实也就是帮信用卡设一个网上消费的密码。这个功能部分银行是默认关闭的，可致电发卡银行开通。这个功能是否开通还要取决于商户，部分商户没有开通 3D，就算您开通了也不需要输密码。但例如在西班牙铁路的网站消费，如果您不开通验证就无法通过网上付款。大部分情况下境外网上支付和 3D 验证两项功能是否开通以及信用卡是否能成功付款，跟国内发卡银行毫无关系。

信用卡还有卡片地区限制的存在。若商户对卡片的发卡地区做了限制，这些商户可能不接受某些地区发行的信用卡，对此您毫无办法。实在不行就注册个 PayPal（外国的支付宝）绑定您的信用卡试试，一般情况下美国和欧洲在线支付 PayPal 都没有问题且很方便。选择双币卡对应的国际通用货币支付是个不错的选择。

3.
卡的申请与激活

目前国内银行办理信用卡的证件主要有：居民身份证或者护照；工作证或相关人事部门证明，基本要求工作时间在三个月以上；单位财务部门开具的收入证明，若自主创业则需要工商执照复印件及交税证明；如果能够提供自有房产证或自有车辆证明则更会大大增加办卡成功率和提高透支额度。关于担保人和担保金问题要视具体银行规定。发卡行都会审核申请人的职业、收入、担保人、物业信息的真实性。集体办卡时由于单位能够证明申请人是单位的员工，大多数情况下可以免担保人。

办理信用卡应需注意：申请人清楚填写个人担保资料；申请人单位、担保人单位必须加盖单位公章；担保人的年龄必须在 25 岁以上，且持有有效的个人身份证明，有稳定的收入来源；夫妻之间不可相互担保；在申请表的“有效证件处”须粘贴申请人及保证人的身份证复印件；申请人、担保人必须在申请表格中的签名处签名。采用单位担保形式的，必须具备申请人单位营业执照的复印件、法人签章及单位开户银行近三个月的对账单复印件。

如果申请的是双币信用卡就意味着支持外币直接支付，无须开通，直接网上支付即可。支付时候需要填写一些信用卡的资料，尤其是卡的有效期、卡背面磁条签名栏背后的 7 位数字的后 3 位识别码。要识别是否为双币信用卡，只要看看卡面是否有 VISA、MasterCard、American Express、Diners Club、JCB 标识。国内银行所发的信用卡一般是银联标识加 MasterCard 或者 VISA 其中的一个组成的双币卡。VISA 和 MasterCard 都是美元卡，VISA 使用主要在欧洲和美洲部分地区应用比较广泛，MasterCard 则主要集中在北美地区使用。现在两者的使用范围都差不多。双币信用卡还分为人民币和欧元卡、人民币和日元卡等，如招商银行发行的Kitty猫卡就是人民币和日元的双币卡，上面有银联和日本JCB的标识。这些由银行自主发行。申请之前问问或者看看申请表格上的说明和卡样就明白了。在国内使用的信用卡，银联的标识当然少不了。如果您的农行卡或工行卡只有银联标识，那就是单币信用卡。收到发卡银行随卡一并寄来的使用手册并仔细阅读其中的内容后，也能判断出您所办的信用卡是属于单币卡、双币卡还是多币卡。

办过卡的人都知道，银行接不接受您的申请是一回事，而申请之后的审批结果又是另外一回事。如果您在内地的小城市，那么您能申请的目标银行就必须得在当地有网点。小城市中，工商银行、农业银行、建设银行、中国银行、招商银行、邮政储蓄银行都是有网点，理论上您只能申请这些银行的信用卡。没有网点的银行虽然您也可以通过网上申请，邮寄资料申请等等方式去申办信用卡，那些银行也受理您的申请，但结果通常是100%地拒绝发卡给您。因为银行考虑到您所在地区没有它们的网点设置，一是您还款不方便，二是万一您逾期还款或者不还款，银行追讨起来很麻烦，成本和风险代价会很大。几乎所有银行原则上都是不批没有网点城市的客户的用卡申请的，除非您的资信情况非常优秀。在搞清楚哪些银行可以接受您的申请之后，下一步要考虑以什么方式申请信用卡，术语叫“进件途径”。在一些大城市，申请信用卡的方式很多。各方式的效果很不一样。网点申请是您本人亲自去银行网点柜台提出申请意愿，并提交符合要求的材料给网点工作人员。这种方式是最原始的，也是最麻烦的一种。往往需要很多证明材料，手续多。最麻烦的是，审核一般都需要一个月之久。信用卡营销人员是银行信用卡中心专门负责推广办卡的工作人员。您只要找到他们提交资料，成功率和速度会大大提高。事实是，即便您在网点申请的信用卡，您递交的申请其实还是由网点转交到了信用卡中心审批，而且网点不会专门为了您一个人的一份申请转交，而是等到积累到一定数量后成批的转交到信用卡中心，所以速度都较慢。现在更多人是在网上申请信用卡。申请人直接在网上银行填写资料等待审核，审批成功的话，银行直接邮寄信用卡，申请人再拿相关证件去网点开卡使用。最后要告诉您的是，您一旦有了某商业银行的信用卡，就建立了自己的信用纪录，如果您有良好信用纪录的话，您的新申请和信用卡的透支金额升级成功率会很大。具体来讲，申请信用卡步骤如下：

第一，领取信用卡申请表。申请表可从银行营业网点，也可登录银行网站申请。

第二，如实填写申请人资料。申请表上的申请人资料一般包括个人基本资料、职业资料、信用资料（包括个人的存款余额、每月住房或汽车供款额、已有信用卡数量等）和联系人资料四部分，都为必填项目，这是银行借以审核申请人是否能够获得信用卡的最基本依据。

第三，交寄申请表及证明资料。申请人在交表时须一并提供身份证明复印件、工作证明文件（加盖单位公章的工作证复印件或单位开具的工作证明原件）和财力证明文件（如收入证明、银行存款证明、所得税扣缴凭证复印件等），有的银行还要求申请人附寄居住证明文件，如最近一个月的水电费缴费单据。为了尽快办成，申请人提供的这些证明当然是多多益善了。很多银行提供的申请表本身折叠后就是由对方付费的信封，申请人只需填写完整即可与证明材料一道直接交寄。

第四，银行信用卡中心会对申请人的资料进行系统审核并以此来决定为您发什么种类的卡片以及授予您的信用额度，之后您需要的信用卡就会免费邮寄上门了。

目前国内各家商业银行在具体办理信用卡时对

主卡和附属卡的申请人需提交的证明文件还存在着细节的不同。

兴业银行对办理信用卡所需证明文件规定如下。必须提供的文件部分有身份证明文件（境内居民：申请人身份证明复印件或军官证复印件；境外居民：必须同时提供港澳居民提供回乡证明复印件，台湾居民提供通行证复印件，其他外籍人士提供护照复印件；境内居住证件或暂住证明复印件）；工作证明和收入证明文件（工作证明文件：工作证或工作识别证复印件或加盖单位公章的工作证明原件；收入证明文件：最近三个月银行代发工资记录复印件或个人所得税扣缴凭证复印件或单位开具的收入证明原件）；其他证明文件（有助于提高您的信用额度）主要包括学历、职称、专业资格证书、自有房产证、自有汽车行驶证、兴业银行定期存单复印件、现居住地最近三个月的电话、水、电、煤气费的任一单据原件，其他银行信用卡证明文件（最近三期对账单原件）。

广东发展银行对办理信用卡所需证明文件规定如下。主卡和附属卡持有人身份证明文件（中国居民身份证、军人证件、护照）；居住证明文件（最近一个月的水、电、固定电话费等任一账单且必须为您本人名下）；最近连续三个月的工资存折

（存折必须包括首页、账户号码及姓名能够清楚辨认）；户口簿、房产证、行驶证、学历证明、专业职业证书相关财力或能力证明。

上海浦东发展银行对办理信用卡所需证明文件规定如下。主卡和附属卡申请人的中国身份证明文件副本。居住证明文件（最近一个月的水、电、煤气、电话费等任一账单且必须为您本人名下）。提供以下三种收入证明中任一种：最近连续三个月显示工资收入的银行对账单或存折（银行对账单或银行存折必须包括首页，以显示账户号码与姓名）；最近连续三个月个人所得税税单；单位出具的收入证明正本；如果您愿意提供更多财力证明，可提供自有房屋产权证或本行储蓄存款凭证。

工商银行对办理信用卡所需证明文件规定如下：主卡和副卡申请人身份证复印件（必要件）。身份证件是指居民身份证、军官证、港澳居民来往内地通行证明、台湾同胞来往内地通行证、外国护照之一。工作证明文件，如工作证明复印件、工作单位开具的工作证明原件、专业资格证书复印件、职称复印件之一。如果您提供了工商银行“理财金”账户复印件或硕士（含）以上学位的毕业证书和学位证书复印件，会加快您办卡进程。对在公司（企业）类单位工作的申请人，一般须提供自有房产证明文件（自有房产证、公有住房租赁协议或公房购买协议，住房贷款合同等资料的复印件）。如果您希望申请能得到尽快办理并具有准确的信用额度，请提供以下财力证明文件，如银行代发工资记录、单位开具的收入证明、所得税扣缴凭证、自有汽车行驶证、工商银行定期存单等资料的复印件。

交通银行对办理信用卡所需证明文件规定如下：主卡和附属卡申请人的身份证明文件（身份证、军官证、通行证或护照）；申请人的居住证明文件（最近两个月内任何一个月的公用事业费账单；银行、证券、保险、基金的对账单；手机费账单；户口簿、驾驶证、房产证、租房合同或社保卡且必须为您本人名下）；提供以下五种收入证明中的任何一种：最近三个月内任何一个月的工资单（工资单未显示单位名称，请提供工资单原件）；显示申请人姓名和最近连续三个月内任何一个月的收入的银行对账单或银行存折；显示申请人姓名的最近三个月任何一个月的交通银行自动薪金转账的月结单或账户明细清单；以单位名义开具的，显示申请人姓名的工资证明（在证明的信头或信尾显示雇主单位名称并盖有单位公章）；最近一期的个人所得税完税证明材料。其他证明文件的规定有：

如果申请人是企业主，请提供显示有申请人的姓名、企业名称及开始经营日期的工商营业执照；如果申请人是非境内居民，请提供显示有申请人的雇主名称和日期的工作合约。如申请人能向交通银行提供以下文件，将有助于加快办卡进程，提高申请人的信用额度：申请人本人有效的执业资格证书；申请人的自有特业证明文件；申请人的自有本地车牌车辆证明文件。

中国银行对办理信用卡所需证明文件规定如下：申请表，主卡和附属卡及担保人的身份证影印件（外国人需为护照及在京有效居住证复印件，港、澳、台同胞需提供回乡证及身份证复印件），单位调查信。中国银行认为资信不被了解和掌握的单位和个人，应交纳 5 000—40 000 元的保证金（保证金平时不抵用，按定期存款计息）。

招商银行对办理信用卡所需证明文件规定如下：主卡申请人身份证明文件复印件，境内人士请提供居民身份证复印件。（招商银行接受 18—60 周岁的境内人士、25—60 周岁的外籍人士申请主卡）；附属卡申请人身份证明文件复印件，境内人士请提供居民身份证复印件（招商银行接受十八周岁以上人士申请附属卡）；境外人士的护照或港澳居民来往内地通行证、港澳同胞回乡证或台湾居民来往大陆通行证复印件及在境内的居留证或暂住证复印件；工作证明文件（工作证复印件、工作单位开具的工作证明原件、职称复印件、专业资格证书复印件）；财力证明文件（银行代发工资记录、单位开具的收入证明原件、所得税扣缴凭证、自有房产证、自有汽车行驶证、招商银行定期存单资料的复印件）。

如果办卡银行对申请人的信誉和财力有比较客观和直接的评价和信任度，其实申请信用卡是很简单的一件事，只需要填一份申请表和提供一下身份证复印件即可，不用有什么工资证明或者房产证明之类的，去哪家银行办信用卡都这样，并不需要那么多的资料。

信用卡的领取方式有两种，一种是当银行给您发信息的时候由您自己去银行柜台领取，一种是由开卡银行邮寄到申请人指定的住址或者工作单位。收到信用卡函件并确认没有拆解或损坏后，对照发卡银行信用卡卡函检查卡号、姓名拼音信息，核查无误后请立即在卡片背面的签名条上签名，并在之后使用信用卡时签署相同式样的签名。

信用卡如果不激活就使用不了。由于信用卡申请通过后是通过邮寄等方式将卡片寄出，所以并不能保证领取人就是申请人。为了使申请人和银行免

遭盗刷损失，信用卡在正式启用前设置了激活程序。激活信用卡或者称作开卡，主要通过电话、网络或者柜台方式进行，核对申请时提供的相关个人信息，符合后即完成开卡程序。此时申请人变为卡片持有人，在卡片背后签名后可以正式开始使用。

招商银行信用卡客服电话激活流程如下：拨打信用卡背面所示的 24 小时客户服务热线，选择相应的语种后，请输入持卡人的卡号及查询密码；根据语音提示，选择“信用卡激活及密码管理”菜单下的卡激活选项；输入持卡人的信用卡背面签名栏后的最后 3 位数字，按“#”键确认；输入持卡人的住宅电话，按“#”键确认；输入 6 位数字作为持卡人的交易密码，按“#”键确认；再次输入 6 位交易密码，按“#”键确认；交易密码设置成功。

目前不少银行电话激活信用卡时都要求使用填写申请表时所标注的固定电话或移动电话号码，否则无法完成激活程序。

交通银行网络方式激活信用卡程序如下：登录交通银行信用卡的网银页面输入持卡人的卡号和查询密码；修改您的查询密码；信用卡初始密码修改成功后，重新登录网银界面；点击“信用卡激活”，根据页面的提示输入您的信用卡背面签名栏的最后3位数字及住宅电话；激活成功后根据提示输入6位数字作为您的交易密码；若您没有在申请表上勾选“使用密码确认交易”功能，可在设置完成后将交易模式变更为“密码+签名”的方式。

信用卡未激活前请勿进行刷卡操作，以免造成卡片状态不正常，给您带来不便。如果您忘记或遗失密码，请随时拨打发卡银行客服热线，立即进行查询密码的重设服务。如果您持有多张卡片，每张卡片都提供一个独立交易密码；您可通过随时申请刷卡消费凭“密码+签名”的交易方式，以保障您的消费安全，之后也可随时取消，设置灵活方便安全；如果您收到信用卡一周后仍未收到密码函，应致电发卡银行客服热线，要求对方补寄密码函。交易密码与电话查询密码的区别主要是：如果您选择“密码+签名”进行购物或消费交易后，需要输入交易密码；如果您需要致电银行客服热线查询账户余额则需要输入查询密码。

信用卡激活时，应通过电话银行、网上银行或银行营业网点的柜台进行短信定制服务确认。大部分国内商业银行都提供免费的短信通知服务。短信的内容包括有实时交易通知，即每刷一笔卡、办理一笔预借现金交易，都会实时接到银行短信提示；另外还有自动还款结果提示，即在约定的自动转账还款日扣款后，无论扣款成功失败，都会发送短信通知您；而在您不小心忘记还款时，开卡银行还会进行还款温馨提示。当然，免费的服务需要大家付出点代价，您会接到相应的商业信息传送。

4.
银行卡的收费标准

目前国内银行卡的收费主要涉及开卡工本、小额账户管理、不同地区的ATM机取款、密码挂失、卡挂失、汇款、补换新卡等诸多服务项目。由于每家商业银行业务范围大小不同、发展历史有长有短、投入设备和网络建设规模不同、发展目标都不尽相同，因而其确立的收费项目和收费标准还是有着区别的。综合考量很难给个评价的结果。大家只能结合具体需要办理的业务来进行收费比较。下面是对国内多家商业银行的银行卡主要收费项目进行归集后整理出的一份资料，供大家办理具体业务时做个价格方面的比较参考（见表3、表4、表5）。

表 3　　目前国内主要商业银行银行卡办理及相关账户管理、ATM 机取款收费标准资料

开卡银行	开卡费	年费	小额账户管理费	同城跨行 ATM 取款	异地跨行 ATM 取款	境外跨行 ATM 取款
中国银行	5 元	10 元	无	4 元/笔	14 元/笔	15 元/笔
工商银行	5 元	10 元	3 元/季（不足 300 元）	4 元/笔	1% +4 元/笔	1% +12 元/笔
建设银行	5 元	10 元	3 元/季（不足 500 元）	4 元/笔	1% +2 元/笔	银联 1% +12 元/笔，国际 3%
农业银行	5 元	10 元	3 元/季（不足 500 元）	2—4 元/笔	1% +2—4 元/笔	银联 1% +12 元/笔，国际 3%
交通银行	5 元	10 元	无	2 元/笔	0.8% +2 元/笔	1% +12 元/笔

续表

开卡银行	开卡费	年费	小额账户管理费	同城跨行ATM取款	异地跨行ATM取款	境外跨行ATM取款
招商银行	无	无	5元/月（不足10 000元）	4元/笔	0.5%+4元/笔	银联0.5%，国际1%
平安银行	无	无	2元/月（不足1 000元）	2元/笔	0.5%+2元/笔	15元/笔
兴业银行	无	无	3元/季（不足300元）	每月免3笔	每月免3笔	16元/笔
中信银行	无	无	无	每月免2笔	0.5%+2元/笔	15元/笔
民生银行	无	无	无	每月免3笔	5元/笔	1%
光大银行	无	无	无	每月免2笔	每月免2笔	15元/笔
邮储银行	5元	10元	3元/季（不足100元）	2元/笔	0.5%+2元/笔	0.5%+12元/笔
浦发银行	无	无	无	2元/笔	0.5%	18元/笔
广发银行	5元	无	3元/季（不足500元）	每月免3笔，以后3元/笔	每月免3笔，以后3元/笔	15元/笔
华夏银行	无	无	无	每天免1笔，以后2元/笔	每天免1笔，以后2元/笔	每天免1笔，以后2元/笔

表 4　　目前国内主要商业银行银行卡汇款收费标准及到账时间资料

开卡银行	汇款方式	手续费用	到账时间
工商银行	灵通卡汇款	汇款金额的1%，最低手续费1元，最高50元	即时到账
	牡丹卡汇款	不收费	即时到账
	网上银行	每笔最低5元，最高为50元	即时到账
农业银行	存款汇款	最低手续费1元，超过1 000元，按0.5%收取费用	即时到账
	电子汇款	最低手续费1元，超过100元按1%收费	即时到账
	网上银行	与柜台式汇款收费相同	即时到账
中国银行	存款汇款	汇款金额在5 000元以内的汇款手续费均为5元，5 000元以上按汇款金额的0.1%收取手续费	第二天到账
建设银行	柜台汇款	最低手续费1元，最高手续费为50元	即时到账
	网上银行	每笔最低1元，最高不超过30元	即时到账
	电话银行	每笔最低1元，最高不超过40元	即时到账
交通银行	同行间汇款	收取0.05%手续费，最低10元，最高50元	即时到账
	跨行间汇款	收取1%的手续费，最高收取50元	即时到账
招商银行	快速汇款	最低手续费5元，超过1 000元，按0.5%收取费用，适合1万元以内汇款金额	即时到账
	电子汇款	最低手续费10元，汇款手续费为汇款金额的1%，最高50元，适合1万元以上汇款金额	2—3个工作日
	网上银行	每笔收费5元，跨行汇款收费10元	即时到账
光大银行	存款汇款	汇款金额的0.5%，最低2元，最高20元	即时到账
华夏银行	存款汇款	汇款金额的0.1%，最低1元，最高10元	即时到账
邮政储蓄	存款汇款	汇款金额的0.5%收取费用，最高50元	即时到账

表 5　目前国内主要商业银行银行卡开户、挂失和补换新卡收费标准资料

开卡银行		开户工本费	挂失收费	密码挂失收费	开办或补换新卡收费
中国银行		10 元	10 元	不详	5 元
工商银行		10 元	10 元	10 元	5 元
建设银行		10 元	10 元	10 元	5 元
农业银行	普通卡	10 元	10 元	无	5 元
	彩照卡	25 元	无	无	无
交通银行		10 元	10 元	不详	5 元
招商银行		无	10 元	不详	无
广发银行		无	10 元	不详	无
民生银行		无	10 元	10 元	10 元
浦发银行		无	无	不详	无
兴业银行		无	10 元	5 元	无

5. 圈存与圈提

目前国内商业银行开始大量投放给客户带有存储芯片的磁条芯片卡，使得一张银行卡上具有了两种存储介质：磁条和芯片。其中，磁条内的存款是您真正账户内的资金，是计息的，而芯片内的资金是您的电子钱包或电子存折，是不计息的。芯片内的资金可安排您日常生活中的买饭、交存车费、打车等经常发生的零星支付，如果芯片内的资金不足，可到银行营业网点或银行提供的 ATM 机上将磁条内的钱转到芯片内继续使用。当然电子存折里的钱也可转回到磁条区的真正账户里。不过您得有张开卡银行新近发行的芯片卡，再有就是要您的住所或工作单位附近的存量 ATM 终端已完成受理 PBOC 卡的改造。PBOC 芯片卡存有一个银行卡的账号，再有一个银联的电子钱包。电子钱包里的钱在您卡丢失时，不能通过挂失来弥补损失。一句话，卡丢了，芯片里面电子钱包的钱就没了，别人还可以拿去花掉。

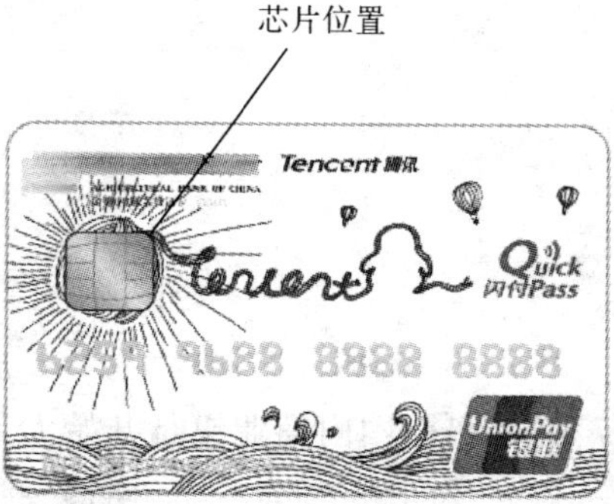

电子账户是指银行、信用卡及保险公司等金融单位提供电子账户管理等网上操作的金融服务，客户的信用卡号或银行账号是电子商户的标志。电子账户通过客户认证、数字签名、数据加密等技术措施保证其操作的安全性。在功能方面，电子账户具备目前借记卡的大部分功能，能实现多账户管理，并享受投资、理财、融资、网上支付、公共事业费缴纳等全方位个人金融服务。此外，账户开立后，能够对家庭资金进行统一管理和归集。具体而言，账户持有人开通账户查询签约和协议支付签约后，就可以通过账户管理将本人本行及家庭成员的本行或他行银行卡账户添加至家庭账户，以统一管理家庭账户的资金了。资金归集后，账户持有人能凭借家庭账本记录家庭的进出账，记账后的账务明细将以列表显示，收支对比图，收入构成图，支出构成图，收支走势图辅助您直观分析账户收支情况。同时，电子账户还可自行管理收支记录，注明收支类型、日期、用途、金额和备注。在此基础上，帮助账户持有人对风险承受能力进行自我评估，将为不同风险等级的客户提供不同的投资建议，并为客户量身制定一份理财报告。电子账户除了理财功能外，还可以完成缴费与信用卡的还款。

电子钱包是在芯片内的智能储值卡，持卡人预先在卡中存入一定的金额，交易时直接从储值账户中扣除交易金额。需要说明的是，持卡人在使用芯片卡进行网上购物时，卡户账号、到期日及支付指令可以通过电子钱包软件进行加密传送和有效性验证。在使用电子钱包时，用户先安装相应的应用软件，在该软件系统中设有电子货币和电子钱包的功能管理模块，称为电子钱包管理器，用户可以用它来改变口令或保密方式等，以及用它来查看自己银行账号上电子货币收付往来的账目、清单和其他数据。该系统中还提供了一个电子交易记录器，顾客通过查询记录器，可以了解自己的购物记录。网上购物时，用户可以直接使用与自己银行账号相连接的电子商务系统服务器上的电子钱包软件，或通过各种保密方式利用因特网上的电子钱包软件。上有 Visa Cash、Mondex、MasterCard Cash、EuroPay 的 Clip 电子钱包服务系统供我们使用。

使用电子钱包的顾客通常要在有关银行开立账户。在使用电子钱包时，将电子钱包通过有关的应用软件安装到电子商务服务器上，利用电子钱包服务系统就可以把自己的各种电子货币或电子金融卡上的数据输入进去。在发生收付款时，顾客只要单击一下相应项目（或相应图标）即可完成，这种电子支付方式称为单击式或点击式支付方式。

圈存，是将消费者平时从银行户头中提领现金放在口袋里进行消费付款的方式变成将消费者银行

户头中的钱直接圈存（存入）IC 晶片上，亦即有了电子钱包，这样一来，消费者就免除携带现金找零、遗失、伪钞、被抢之风险。圈存的资金大多是个人在特定的消费环境下进行刷卡消费的。收款单位与银行签订协议后，可以通过银行卡向圈存消费卡上转账，消费者再用消费卡刷卡消费。校园卡、公交 IC 卡也是这种模式。

圈提，同圈存并列存在，是银行为持卡人提供的主账户同芯片账户（电子存折、电子钱包）之间的转账业务。通过圈提交易，持卡人可以把电子存折中的部分或全部资金划回到其在银行的相应账户上。这种交易必须在金融终端上联机进行并要求提交个人密码。只有电子存折应用支持圈提交易。

需要提示的是，IC 卡必须依附于一个主账户（存折、银行卡均可），而 IC 卡本身有电子存折和电子钱包两个功能。圈存是将主账户中的钱存入电子存折或电子钱包；圈提只能是将电子存折中的钱存入主账户。电子钱包则不能做圈提，且不能领取现金只能用于消费。

在 ATM 圈存，是将您卡里银行账户的额度圈进您的电子钱包，银行的信用额度就减少相应的金额，而且是优先从您银行卡额度里圈进去，就是您卡里有溢缴款时，圈存的钱先从额度里圈，您的溢缴款不会少。在 ATM 圈提，是将您芯片里的电子钱包的钱提回您银行卡里，只增加银行卡的可用额度，不是传统意思上的从 ATM 上通过圈提而取到现金。这两种操作虽然都在同一台 ATM 机上进行，但都是钱在同一张卡里的不同账户间转移而已。目前国内主要几家银行信用卡圈存的区别如下：

工商银行，圈存了冻结额度，不消费不用还款，可以圈提（即逆向操作，电子现金转回账户）。

中国银行，圈存了算消费，不管是否消费都要还款，类似公交卡充值一样，但是可以圈提。

浦发银行，圈存了算消费，有积分，不可以圈提。

建设银行，圈存了算消费，不能圈提，无积分，脱机消费也无积分，需要还款。

实际使用时还要区别您的芯片卡是借记卡还是贷记卡。借记卡当然需要先存钱。由于现在多数是“磁条+芯片”的卡，存钱不一定要圈存，存在卡里的钱刷卡也能消费，就像普通磁条卡一样。但如果您要用闪付，即 Quick Pass，也有两种情况：一是用卡里的钱，这个不用圈存，但要输入密码；二是脱机闪付，用的就是您芯片中圈存的钱了，这个是一定要先有圈存的。贷记卡脱机闪付，也需要先有圈存的，不过这时圈存的不是您的钱，而是您的卡的额度，到下月还款时一起还款。无论是借记卡还是贷记卡，除了闪付，也都可以插芯片使用，读取的是您芯片中的数据，与是否圈存无关。目前插卡和挥卡（就是所谓闪付）操作都分两步骤，优先使用电子账户圈存的金额，如果余额不足会发起联机交易，使用账户里面的存款或者额度。而且余额不足会全部用联机，不是部分补足。

6. 看懂信用卡的对账单

信用卡消费了之后，到了账单日时，您会收到银行发给您的纸质或电子对账单。其中有两个金额，一定要记一下。一个是本期应还金额，另一个是最低还款额。其实这也是信用卡的一大好处，一旦您消费了信用卡之后，超出了您的还款范围，您就可以选择以最低还款额进行还款，这样，就不会影响您的个人信用。但这也意味着您就不能再享有免息期了。最低还款额是指持卡人在到期还款日（含）前偿还全部应付款项有困难的，可按发卡行规定的最低还款额进行还款，但不能享受免息还款期待遇，最低还款额为消费金额的10%加其他各类应付款项。最低还款额列示在当期账单上。其计算方法如下：最低还款额 = 信用额度内未还消费款的 10% + 预借现金交易款的 10% + 前期最低还款额未还部分的 100% + 超过信用额度消费款的 100% + 费用和利息的 100%

提示大家的是，以上公式中，部分银行的预借现金采用最低还款 10% 的费率计算，在到期还款日前即使是还上“最低还款额”，利息照算，但不会影响到个人的信用。部分银行预借现金有不享受最低还款待遇的规定。

到期还款日是指信用卡发卡银行要求持卡人归还应付款项的最后日期。也就是说发卡银行出了账单之后，您应该在到期还款日之前把您之前所透支消费的金额全部还清。到期还款日是免息还款期限的最后一天。在这之前还款都免息，逾期就要加收利息和滞纳金了。而对于各个银行，免息还款期限都是不一样的。交通银行信用卡的账单日为每月 3 日，2015 年 11 月 3 日账单的到期还款日为 2015 年 11 月 28 日。工商银行信用卡的账单日是每月月底，2015 年 3 月 31 日账单的到期还款日为 2015 年 4 月 25 日。

到期还款日也称最后还款日，如果您在到期还款日之前没有全额还款同时也没有选择信用卡最低还款额还款，那么您可能面临的惩罚有：所有消费款项不再享受免息还款待遇，银行会从发生消费的当天，以消费金额为本金按日计算利息，日息万分之五，按月计收复利；您还会收到银行的催缴电话、催缴信；冻结您的账户并将您的欠款记录反馈到人民银行记入您的信用档案，影响您的个人信用。最好的解决办法就是如果您在到期还款日确实没有足够的钱全额还款，那么请选择信用卡最低还款额还款，采用这种方式还款每期只要归还总费用的10%，这样还款虽然没有免息还款期但是避免个人信用受损。

招商银行的信用卡账单日从每月的5号开始，每隔2—3天都可以更改您的账单日设置。工商银行的记账速度是最快的，都是当日记账，工行账单日当天的消费会自动计入下期账单。如果您的对账单遗失且又非常重要，可致电银行客服热线请求补寄对账单。对于补寄超过三个月的对账单发卡银行可能需收取一定的手续费。

对账单中的交易若有疑问，请您拨打24小时客户服务热线，进行争议账款查询。为了更好解决有争议的交易，请您提供相关的交易资料。在争议账款查询期间，您所质疑的交易将做特殊处理不会产生利息收费。交易查明后，若确属信用卡被人伪造或特约商户、银行作业疏忽等原因造成的错账，则您无须负担这笔交易，发卡银行会将相关款项退回到您的卡账户中。若确属正常交易，银行将收取相应的透支利息。建议您妥善保管消费结算时的签购单，以利账务查核。如果持卡人向银行调阅签购单，部分发卡银行会要求持卡人支付一定查询手续费。

对账单显示账单周期内您结欠余额的前面出现"—"标识，表明您的银行卡账户中有存放的存款或多缴款，您无须还款。大多数发卡银行的信用卡账单提供的主要信息如下：

账单日期：每月对账单周期内交易汇总、并结计利息的日期。

到期还款日：本期账单还款的最后日期。

本期应还款额和最低还款额：本期账单应偿付的还款额和最低还款金额。

交易汇总资料：主要是反映上期余额、本期收入、本期支出和本期余额明细数据汇总资料。其计算方法如下：本期余额 = 上期余额 + 本期收入 - 本期支出。

自动还款开通提示：开通自动还款后银行将在账单上显示提示信息，并提供关联扣款账号供您核对，当月结欠即可不再通过其他方式还款。

交易明细栏：本期所发生交易的详细信息，包括交易日、记账日、卡号后四位、交易类别、商户名称及其所在城市名称、交易金额。

积分信息：提示您的积分累积及使用情况。

宣传信息：各种用卡窍门、优惠活动等最新信用卡使用提示。

下面是个示例。

中国××银行 信用卡对账单

100029

北京市朝阳区育慧中里×号楼

三单元×××室

吴××

重要提示：

贷记卡到期还款日 2015年4月25日

尊敬的客户，为确保您还款准确，请仔细阅读下面需还款明细栏中各账户本期应还款余额及本期最低还款额等信息。

账单周期：2015年03月01日—2015年03月31日 对账单生成日：2015年03月31日

需还款明细（特别提示：请按照以下账户分别还款）

卡号后四位	应还款额		最低还款额		信用额度	
	人民币	外币	人民币	外币	人民币	外币
7518贷记卡	171.80 / CNY	0.00 / USD	17.18 / CNY	0.00 / USD	10 000.00 / CNY	0.00 / USD
7518贷记卡	101.03 / CNY	0.00 / USD	10.10 / CNY	0.00 / USD	10 000.00 / CNY	0.00 / USD
7518贷记卡	300.17 / CNY	0.00 / USD	30.02/ CNY	0.00 / USD	10 000.00 / CNY	0.00 / USD
合计	573.00 / CNY	0.00 / USD	57.30 / CNY	0.00 / USD	10 000.00 / CNY	0.00 / USD

本期交易汇总

卡号后四位	上期余额		本期收入		本期支出		本期余额	
	人民币	外币	人民币	外币	人民币	外币	人民币	外币
7518贷记卡	0.00/CNY	0.00/ USD	0.00/CNY	0.00/ USD	171.80/ CNY	0.00 / USD	-171.80/ CNY	0.00 / USD
7518贷记卡	0.00/CNY	0.00/ USD	0.00/CNY	0.00/ USD	101.03 / CNY	0.00 / USD	-101.03/ CNY	0.00 / USD
7518贷记卡	0.00/CNY	0.00/ USD	0.00/CNY	0.00/ USD	300.17 / CNY	0.00 / USD	-300.17 / CNY	0.00 / USD
合计					573.00 / CNY	0.00 / USD	-573.00 / CNY	0.00 / USD

本币交易明细

卡号后四位	交易日	记账日	交易类型	商户名称/城市	交易金额/币种	记账金额/币种
主卡明细资料						
7518贷记卡	2015-03-03	2015-03-03	跨行消费	北京物美便利超市有限公司	171.80/ CNY	171.80/ CNY
7518贷记卡	2015-03-14	2015-03-14	跨行消费	北京王府井新华书店	101.03 / CNY	101.03 / CNY
7518贷记卡	2015-03-21	2015-03-21	跨行消费	北京同仁医院	300.17 / CNY	300.17 / CNY

7.

信用卡额度够用就行

信用卡额度也就是通常说的信用卡可用额度，是指您所持的信用卡可以使用的最大金额，它包括信用额度（即信用卡最高可以透支使用的限额）和存入信用卡的金额。任一信用卡额度，取决于持卡人在申请信用卡程序中提供的有效收入和资产担保价值。信用卡的信用额度，和申请人的收入及担保资产成正相关关系，即越高的收入和担保资产，获得的额度越高。因此，申请人必须提供收入证明和资产担保。资产担保包括房产、汽车等固定资产，也包括储蓄、债券等流动资产。信用卡的额度包括有永久额度和临时额度两种。其提高的时间各个发卡银行有着不同的规定。具体的区别如表6所示。

表 6　　　　信用卡提高额度时间

商业银行	第一次提高永久额度	再次提高永久额度	第一次提高临时额度	再次提高临时额度
中国银行	6 个月后	3 个月后	有还款记录即可	随时
工商银行	6 个月后	6 个月后	随时	1 个月后
建设银行	6 个月后	6 个月后	2 个月后	1 个月后
农业银行	6 个月后	随时	随时	随时
招商银行	3 个月后	3 个月后	随时	随时
广发银行	6 个月后	6 个月后	6 个月后	6 个月后
浦发银行	6 个月后	6 个月后	4 个月后	1 个月后
光大银行	6 个月后	6 个月后	3 个月后	3 个月后
华夏银行	6 个月后	6 个月后	6 个月后	2 个月后
平安银行	6 个月后（卡原额度 >5 000 元） 8 个月后（卡原额度 ≤5 000 元）	6 个月后 8 个月后	6 个月后	3 个月后
兴业银行	随时	随时	随时	随时
交通银行	只能银行邀请	只能银行邀请	6 个月后	只能银行邀请
民生银行	只能银行邀请	只能银行邀请	只能银行邀请	只能银行邀请
中信银行	只能银行邀请	只能银行邀请	只能银行邀请	只能银行邀请

发卡银行对客户信用卡额度的审查主要是以下几个方面：（1）婚姻状况。通常情况下已婚的客户会比单身者更具有稳定性，更能得到银行的青

睐。（2）技术职称与工作状况。普遍认为技术职称是客户工作能力的见证。稳定性较高的行业从业人员可获得更好的加分。（3）经济能力。如果个人收入证明提供详细、收入稳定、并反映出您是收入增长有长远性展望的人士，会得到发卡银行较高的评级。（4）个人住房。拥有个人住房亦可表明个人有一定的经济基础，可获加分。（5）信用记录。若办卡客户过去在银行开有账户，且常有资金进出，银行也会酌情考虑加分。（6）学历高低。实践中，研究生以上学历会得到较高的评级。

信用卡持有者需要根据自己实际需要调整信用额度。信用额度并非越高越好。在向银行借贷之前，您需要了解自己能够承担多少信用，也就是您向金融机构借贷多少金额为宜，包括房贷、车贷、信用卡等您会使用的信贷总额。成熟的财务经验，一个人能承担的信用额度取决于您拥有的资产和收入的水平。在健康的财务结构中，债务占收入比应保持在25%左右，不要超过50%。如果债务占比超过50%，则意味着个人担负的债务过多，长期下去可能导致财务上的麻烦，譬如无法按合约还款造成不良信用，或者为了偿还债务而大大降低生活品质。这时，如果向银行申请新的贷款，发卡银行会因为申请人负债过多而部分甚至完全拒绝批核贷款。

如果信用卡用户向银行提出提升额度的申请，银行会从该客户以往使用信用卡的记录来确定是否提高该客户的信用记录。从这个角度来看，客户保持一定时间良好的用卡和还款习惯对提高信用额度是有帮助的，所以信用卡用户应注意形成自己良好的信用记录。一些日常必要的消费尽量使用信用卡支付，衣食住行尽可能选择有刷卡的商店消费。把原来现金消费的习惯改为刷卡消费，这样每月就有相对稳定的消费额度，当然还需要按时还款。这一办法帮助您调高您的信用额度。调高信用额度的方法主要归纳有：

(1) 充分准备各种资产证明。申请之初，因为您在银行还没有任何消费信用记录，银行评估的是您的各种收入资产状况，然后再决定给您多少信

用额度。如果要大幅提高申请时的信用额度，您就要认真准备各种信用证件，不要嫌麻烦。您要把收入证明、房屋产权证明、按揭购房证明、汽车产权证明、银行存款证明或有价证券凭证等统统提交给银行。

（2）认真填写表格细节。填写申请表格的时候，还有几个影响授信额度的小细节，诸如您是否有本市的固定电话号码，这个号码是否是自己的名字或家人的名字登记办理的，是否结婚及手机号码是否有月租，是否为本市户口等。如果以上答案都是肯定的，银行会据此大大增加您的信用评估，但是每个条件并不都是绝对的，只是相对容易通过资质审核和提高最初的消费额度申请，消费信用和还款信用还是银行最看重的。

（3）多采用刷卡消费。用卡期间，多多刷卡消费，衣食住行都尽量选择有刷卡的商店消费，使用的越频繁，每月就有相对稳定的消费额度，只是把原来现金消费的习惯改为刷卡消费。这表明您对银行的忠诚度，银行的信息系统会统计您的刷卡频率和额度，在半年左右就会自动调高您的信用额度。若是集中一次性刷卡的话，很容易被银行认为有信用卡提现嫌疑，很难提额。

（4）按时还款保持良好信用。要注意刷卡金额和充分利用临时提额。欠债还钱，有还才有借。如果您不按时还款肯定是没有信用的，最好全额还，不要只还最低还款额，循环利息会让您吃不消。

（5）坚持申请和抓住时机申请：对于信用卡用户来说，可以坚持使用电话申请提升信用卡额度，因为不同的客服或者工作人员在处理这方面申请时的态度和原则有着微小的差异，或许上一次通不过，下一次就通过了，而且坚持电话申请留下的记录也会有助于将来申请提额。

正常使用信用卡半年后，您可以主动提出书面申请或通过服务电话来调整授信额度，银行需要审批，正常情况下，会在审查消费记录和信用记录后，在一定幅度内提高您的信用额度。

当您因出国旅游、装潢新居、结婚、子女留学等情况在一定时间内需要使用较高信用额度时，信用卡中心可以为您提供调高临时信用额度服务。调高的临时信用额度一般在 30 天内有效，到期后您的额度将自动恢复为原来的信用额度。附属卡持卡人的信用额度由主卡设定，附属卡持卡人无法申请额度调整。如果主卡人已限制了附属卡的信用额度，则调高临时信用额度后，不会改变已限制的附属卡额度。如果主卡人未对附属卡的信用额度做过单独限制，则调高临时信用额度时，附属卡的信用额度也随之调高。调高临时信用额度后，实际使用超过原信用额度的超额部分，将加入到下期对账单的最低还款额中。超额使用部分不加收任何费用，但不能享有循环信用的便利，请在到期还款日一次还清。

信用卡虽说透支额度高刷卡消费起来挺爽，不过也有些小麻烦会随之而来。对于调高的临时额度部分，刷了多少金额，需在到期还款日前一次性全部还清。如果没全部还清，将产生滞纳金和利息。

决定信用级别的关键是您自己。个人信用水平主要体现为个人信用累积分值。银行对个人持卡人信用有一个综合评分系统。当您开始申请信用卡后，发卡银行会考虑年龄、职业、存款、资产和住房等各种因素，对每一项都按照一定的标准予以评分，然后汇总成信用累积分。这一点，和美国的信用分很类似。如果积分达不到银行既定的合格标准，申请就有可能被拒绝。个人在向银行申请各种个人贷款时，信用累积分也是一个重要的参考指标。以上述模拟评审模型为例，即使申请人的月收入仅为 1 000 元，但如果他的工作单位性质为机关事业单位且有住房，那么他还是可以获得金卡的信用级别。

信用累积分一般由各家银行根据自己要达到的目标，设定一定的审核模型，对申请人进行打分。所以，各家银行对申请人都会按照自己的一套政策方针来决定是否给予信用。也就是说，招商银行如果拒绝了您的申请，还可以去申请建行、工行，这样的国有商业银行也不一定会同样拒绝您，除非您有恶意欠贷现象。除了申请信用卡，信用累积分的最大作用就是小额贷款。没有任何信用记录的人，借款将相对比较困难。建立信用的开始是向银行贷款。没有与银行发生借贷关系的个人，在银行的信用记录为零；如果与银行发生借贷关系并按时偿还，个人信用累积分就会逐渐增加。目前，个人小额贷款、信用卡透支还贷，都是借款人最初积攒信用累积分的主要途径。

信用卡额度控制使用方面需要注意的是：

（1）全额还款，避开循环利息。虽然说银行在普及信用卡时，都有强调它的免息期，但大部分人对免息期的规则了解得不是很清楚，从而多花了不少冤枉钱。春节期间，小张买一部新手机用信用卡刷了4 000元，在还款的时候账户内只有3 999.7元，银行扣款之后，小张还欠银行0.3元。也许在现实生活中这点不算什么，但是银行却不这么认为，消费者没有全额还款，就必须要支付循环利息，且利息的计息基数是按 4 000 元来收取，而不是 0.3 元。这里建议大家在还款时一定要全额还款，以免损失更大。

（2）未雨绸缪，避免刷爆信用卡。其实每一张信用卡都有一个隐藏的超限额度，当您刷爆信用卡时，就很容易动用超限额度，而一旦使用超限额度，那就意味着要支付高额的超限费。很多消费者在购物的过程中并不能够把握好，经常出现刷爆信用卡的情况。这里建议大家提前向银行申请提高临时额度，这样不仅可以避免刷爆信用卡，而且还可以提升信用额度。

（3）足额最低还款，规避滞纳金惩罚。日常生活中，经常会遇到资金周转不灵的情况。这个时候，我们可以选择还最低还款限额，这样就能够保证个人信用记录不受影响，同时也不会产生太多的滞纳金。但需要特别注意的是，最低还款额一定要足额缴纳，否则将会遭遇到高额的滞纳金。

8. 贷记卡提现要小心

信用卡提现的收费标准依据是《商业银行服务价格管理暂行办法》。商业银行向个人持卡者提供的很多服务都要依托银行卡进行，所以现在出台的收费标准也就大多与银行卡有关。而且银行在掌握了定价权以后，很可能会根据自己的经营状况和市场需求随时调整收费项目和收费标准，并没有一个统一的规定。有时差别甚至会很大。目前部分商业银行规定，不论贷记卡中取现前是否存有现金，取现时都要收取手续费。而有的银行对于贷记卡取现则是采取了不透支不收费的办法。而从贷记卡本身的特点看，贷记卡与准贷记卡和借记卡的区别在于市民不用事先在贷记卡中存款就可以刷卡消费，然后再向卡中存钱还款。银行鼓励持卡人使用贷记卡刷卡消费，不鼓励持卡人用它提取现金，因而虽然贷记卡中也可以存款，但银行一般都不向卡中的存款支付利息。如果持卡人用贷记卡透支取现，银行就要收取一定费用，大多是按日收取利息，而且贷记卡透支取现一般都没有免息期。

目前大多数国内商业银行都规定预借现金额度根据您用卡情况设定，并包含在信用卡的信用额度内，取现的额度一般累计不超过您信用额度的一半。但广发银行部分持卡人的取现额度为信用额度的100%。透支取现不是等额不变的，会因持卡人的使用、还款等情况而变化。

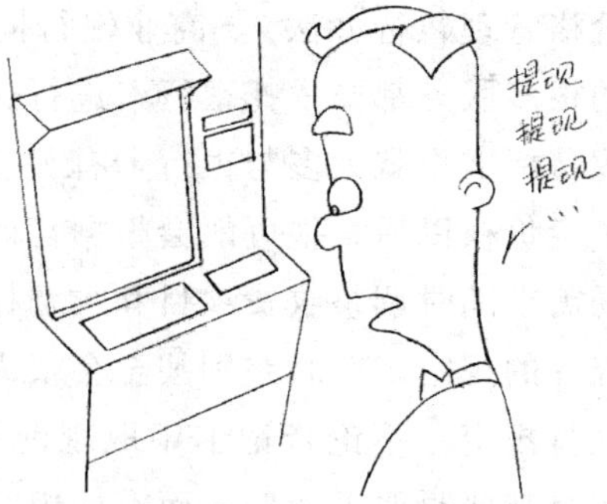

农业银行规定具体如下：贷记卡账户境内预借现金单日累计金额不得超过2 000元人民币；贷记卡账户境内ATM渠道单日累计取现次数不得多于5次，单笔取现金额不得超过2 000元人民币，单日累计取现金额不得超过5 000元人民币；贷记卡

账户境内柜台渠道单日累计取现金额不得超过 20 万元人民币。

工商银行借计卡取现额度及提现规定如下：境内 ATM 取现每天最多 5 次，境内外有“银联”标识的 ATM 取现每日累计金额不超过等值 5 000 元人民币（含溢缴款）；工商银行牡丹卡账户内余额不足时，可以利用信用额度透支取现。使用信用额度取现不享受免息还款期待遇，且每天累计不超过 2 000 元；工商银行双币贷记卡在境外有关信用卡组织或公司有相关标识的 ATM 或银行网点取现，根据国家外汇管理局规定，当日内累计不得超过等值 1 000 美元，1 个月内累计取现不得超过等值 5 000美元，6 个月内累计取现不得超过等值 10 000 美元。工银双币贷记卡境外每天人民币取现额度 2 000元、累计最多取现 6 000 元；按 5‰的日利率收取利息。

工商银行信用卡取现手续费及利息规定如下：本地本行 ATM 机取现没有手续费；本地跨行 ATM 机取现每笔 2 元；异地本行 ATM 机取现手续费按取现金额的 1% 计算，每笔最低人民币 1 元，最高 50 元；异地跨行 ATM 机取现按照取现金额的 1% 计算，每笔最低人民币 1 元，最高 50 元，另加收每笔 2 元的跨行手续费。工商银行信用卡透支取现不享受免息还款期待遇，从记账日起至还款日止，按日利率5‱计收透支利息，按月计收复利。工商银行双币贷记卡境外取现除了有额度限制外，还要收取每日5‱的利息以及人民币1%的手续费。

准贷记卡的情况比较特殊，这是由于卡户内放有一部分存款。目前工商银行将准贷记卡取现分为透支取现和溢缴款取现两种。信用卡透支取现是指在信用额度取现；信用卡溢缴款取现是指将还款时多还的资金或存放在信用卡账户内的资金以现金方式取出。工商银行个人准贷记卡在境内ATM机上取现每天最多5次，每天累计不超过2 000元，溢缴款取回累计金额不超过5 000元。

建设银行龙卡双币贷记卡取现手续费规定如下：境内ATM机提现按照交易金额的5‰计算，最低每笔2元，最高每笔50元，且不像工商银行那样区分同城异地，同时跨行取现不另收费；境外ATM机提现按照交易金额的3%计算，最低每笔3美元。

建设银行龙卡人民币贷记卡跨行ATM机取现手续费规定如下：境内建设银行ATM机提现按照交易金额的5‰计算，最低每笔2元，没有上限规定；境内跨行ATM机取现手续费属于同城交易的，按“2元+交易金额的0.5%—1%”计算，其中按交易金额的0.5%—1%计算的部分最低为每笔2元，同城交易的0.5% -1%的部分根据地区不同费率略有差异；属于异地交易的，按照“2元+交易金额的1%”计算，其中按交易金额的1%计算的部分最低为每笔2元。

信用卡提供预借现金功能，以满足持卡人的不时之需。但预借现金是无免息期的，从取现的当天就要按日利息万分之五来收取利息，且按月计收复利。所以取现后要尽快的还款。信用卡提现的最大副作用就是产生了数额较大的费用。

在工商银行开卡的小李在2015年7月31日透支消费540元；2015年8月1日查到的对账单最低还款额显示54元；8月1日下午小李从ATM机取现1 500元准备朋友聚会结账使用，但由于当天没用又存回了银行；8月2日小李又从工商银行ATM机上取走现款1 450元。小李非常关注8月1日取现的操作是否涉及9月25日再还时的利息问题？在这个案例中，若按照银行的通常作法是按账单日计算利息。小李的上次对账单中的540元需要在8月25日之前全部还清才享受免息期。如还最低还款额54元，则7月31日的消费就不享受免息了，要从当天刷卡日起计收万分之五利息。8月1日产生的账单取现1 500元的交易，则会自当天起产生一次取现手续费和每日5‱计算的0.75元的利息。当天若存回的话，就要多存0.75元，才会不产生新的费用。至于在8月2日取现1 450元，工商银行会在下个账单日全部给小李算上，再乘以每天5‱的利息，还有取现手续费，直接从还款账户内全额扣清。8月31日银行会全部给小李结账。工行每月的信用卡还款日是25日，工行的信用卡本地本行提现不收手续费，8月2日取现的金额，8月31日才做结账，而小李在9月25日前还清就可以了，当然每天都要计算利息的。取现是不享受免息期待遇的。

9.

卡的挂失方法有多种

将卡丢失后首先感到茫然的并非是采取什么手段进行迅速补救的问题，而是持卡人已经将卡的号码说不清楚了。其实，您的那张银行卡用身份证开通的话，只要拿身份证去就可以办理挂失，就算忘记卡号都不怕，银行只要在电脑系统中收索您的身份证号码就知道您在银行开立的账号了。

银行卡的挂失分为口头挂失和正式挂失两种。口头挂失是因遗失银行卡、关联存折而办理的临时性挂失，办理口头挂失后用户遗失的银行卡、关联存折在挂失期内将无法继续使用。口头挂失有效期目前国内银行最长15天左右，有效期内用户须补办正式挂失手续，否则口头挂失将自动失效。口头挂失时银行用户须提供本人有效身份证件、卡号或账号、户名、住址、余额等信息供银行验证。用户可通过营业网点、网上银行、或电话银行办理口头挂失。通过营业网点办理口头挂失时，须持本人有效身份证件，提供户名、银行卡号或账号、住址、余额等信息供银行验证。委托他人代为办理的，还需提供代理人身份证件。持卡人通过电话银行、网上银行等电子银行渠道办理的挂失业务，视同口头挂失业务处理。正式挂失是指用户因遗失银行卡、存折或存单到营业网点办理的挂失。办理正式挂失后，用户遗失的银行卡、存折或存单将无法使用。银行用户正式挂失天数规定期满后，银行将为客户办理解除挂失及补发新的银行卡、存折或存单。用户需持本人有效身份证件、提供银行卡、存折或存单账号、开户时间、储蓄种类、余额及地址等信息，填写挂失申请书，到营业网点办理书面挂失。若委托他人代理，还应出示代理人身份证件。具体讲，就是如果银行卡不是您本人的，但您知道密码，申请挂失时携带您的有效身份证件及户主的有效身份证件去银行网点代理挂失就可以了。如果卡不是您的且不知道密码则不能代理挂失，只能是卡主本人去办理了。

补卡时应该是户主本人携带有效身份证件办理，不得代理。如果暂时不能去开户行办理，建议拨打银行客服热线进行账户冻结，以保证账户安全。

不少朋友经常是银行卡挂失后又找到了丢失的银行卡，就需要解除挂失。如果是口头挂失只需要等待 15 天后银行自动解挂就可以了。但如果是在银行柜台做了挂失，还需要您带身份证和银行卡亲自到柜台去解挂。取消银行卡挂失，需要您本人带着身份证、银行卡到开户行去办理。解挂手续和办理正式挂失手续是一样的，其实就是解冻。解挂后最好对原有查询密码和交易密码加以修改。密码可以通过自助系统、电话银行、银行柜台、网上银行修改。

有些持卡人不想继续使用手中的信用卡，那么可以充分利用目前不少商业银行在客服热线中开始受理的信用卡正式挂失服务，只不过销户的时间需在 45 天左右。因而不想到银行网点办理的持卡人必须妥善保管手中的已经挂失的信用卡并在银行销户时间自行销毁手中的信用卡。

借记卡挂失后，持卡人凭挂失申请书回执和有效证件至原挂失网点补卡或办理销户。借记卡挂失补发后的号码一般是会改变的。信用卡挂失后号码不变，但最好将原有卡号销户后申领新的卡号更加安全。目前国内主要商业银行的客服电话号码如表7所示。

表7　　国内主要商业银行客服电话

商业银行	客服电话	商业银行	客服电话
工商银行	95588	中国银行	95566
农业银行	95599	建设银行	95533
广发银行	95508	浦发银行	95528
中信银行	95558	邮储银行	95580
兴业银行	95561	平安银行	95511
上海银行	95594	民生银行	95568
交通银行	95559	华夏银行	95577
光大银行	95595	招商银行	95555

目前国内主要商业银行的信用卡挂失收费标准如表8所示。

表 8　　国内主要商业银行信用卡挂失收费标准

商业银行	收费标准	商业银行	收费标准
工商银行	20 元（金卡、黑金卡、公务卡免费）	中国银行	40 元
民生银行	50 元（白金卡免费）	建设银行	50 元
广发银行	单币种卡 45 元；双币种卡 85 元	浦发银行	40 元
邮储银行	20 元（金卡、黑金卡、公务卡免费）	中信银行	60 元
兴业银行	20 元（金卡、黑金卡、公务卡免费）	平安银行	60 元
上海银行	20 元	农业银行	50 元
华夏银行	60 元（公务信用卡免费）	交通银行	50 元
光大银行	贷记卡 50 元；准贷记卡 10 元（无限卡、钻石卡、白金卡免费）	招商银行	60 元

家住广州的贺先生，几个月前丢掉了自己的钱包，里面有身份证和银行卡。贺先生第一时间到银行挂失了自己的银行卡。办妥了手续，贺先生想，银行卡虽然丢了，好在资金还算安全，自己也算放了心。没想到，几个月之后，自己银行卡内的资金却被盗转了。贺先生百思不得其解，卡是新的，老卡已经挂失，自己卡里的资金怎么会被盗转呢？据贺先生描述，他用自己的手机号码打电话办理了挂失，而寄给他账单的时候上面的那个手机号码却不是他本人的那个手机号码了。贺先生怎么想也想不通。怎么补发的新卡除了自己的手机号码之外，还挂着一个完全陌生的手机号码呢？这个手机号码的

主人又会是谁呢？原来，贺先生一直说的那个手机号，是一个犯罪嫌疑人在捡到了贺先生的信用卡和身份证后又开的一张新的关联卡，他只需要输入卡号，然后再输入一个银行预留手机号码，他就可以这样转钱了。事情最关键的节点是作为第三方支付平台的易支付。易支付最大的风险是只需要输入一个与银行卡内挂的手机号码相同的手机号，就可以把钱转走。就是因为盗贼在自己的账号上挂了他的手机号，而这个号码得到了银行的确认，所以，他才可以拿到贺先生所有在这家银行的账户资料，特别是流水信息。而贺先生的账户恰恰流水比较大，盗贼觉得有利可图，所以盯着不放。实际上是犯罪嫌疑人拿着盗取的那个身份证，去银行开一张卡，他就等于拿到失主所有卡的身份证，恰恰贺先生所有账户就是一个密码。因而他只要去开卡银行办一张卡，然后再打印他的清单出来，就知道卡号了，将来就可以盗取失主的钱了。

现在银行存款账户的开设都是要求实名制，就是应该本人持身份证开设银行账户。本案中的盗贼在他并不是持本人身份证的情况之下，依然能够在银行的金融系统里面开设一个别人的账户，这是很有问题的。现场根据账户的信息核对以及审查的时候，这一点应该能够审查出来的。另外在银行进行操作的时候，发现之前有一个存储的联系方式的话，如果这个联系方式已经变更或者增加的话，应该是本人认可的，但这一点没得到本人认可，所以有理由认为是在开卡环节的问题。

本案所体现出来的问题，说明这种情况不是个案，而且这种犯罪的伎俩可能会被其他的罪犯所引用或延用，而这种网络的犯罪的特点发现难、证据固定难，抓捕难。面对银行方面有可能出现的疏漏、第三方支付平台的不严谨，消费者应该怎样做才能尽可能的保障自己银行卡的资金安全？首先，建议广大的消费者或者储户尽可能少的去开账户，一个银行开一个，不要开更多，开设几家银行，以保证自己的资金安全，其次经常更新自己的通讯方式，包括密码，在这种情况下才能更好的保证安全。第三，如果看到自己没有太了解或者不是太熟悉的快速支付平台，尽可能少使用，以避免自己的信息泄漏。

10. 网银的安全性没有传说中的那样糟

“如果银行不改变，我们就改变银行”。阿里巴巴集团董事长马云讲的这句话在互联网广泛流传。阿里巴巴推出的“余额宝”曾让国内银行界经历了一次不大不小的“地震”。很多银行纷纷开始行动，建设银行推出“善融商务”，招商银行推出“微信银行”，光大银行推出“融 e 贷”……，国内的众多银行似乎真的开始“改变”了。一方面，网上银行作为银行互联网业务的主要渠道和入口，被提到了前所未有的战略高度。而另一方面，互联网的威胁也在迅速地蔓延，庞大的黑色产业链，掌握精湛渗透技术的黑客、复杂高明的病毒木马以及无所不在的钓鱼网站和欺诈，都对网上银行的安全性提出了前所未有的挑战。

目前各银行网银的安全保护主要有网银盾、动态口令牌、手机动态码。类似于U盘的网银盾，每家银行的叫法都不一样。工商银行称作U盾，农业银行称作K宝，广发银行称作KEY盾，招行银行称作U-KEY。网银盾的安全级别最高，因此支付额度也最大。它的原理是将每个用户唯一对应的数字证书下载在智能卡片里，这种物理防护，普通病毒难以攻破。但是网银盾的缺点也很明显，它在初次安装使用时比较复杂，要求客户需随身携带安装驱动程序，证书有有效期，到期必须更新才能继续使用。目前，许多银行已经放弃使用第一代网银盾，开始推出安全等级更高的第二代产品。但它只允许用户输错3-6次交易密码，超过这一次数，设备就只能作废，需重新办理。动态口令牌相当于动态电子银行密码，中国银行的E-Token、光大银行的阳光令牌都属于这类产品。同网银盾相比，动态口令牌的交易额度限制更多，但价格优惠，使用更方便。它最大的缺点是，不能防范钓鱼网站。浦发、兴业等银行采用手机短信验证码和相关认证码认证客户身份。这种与手机号码捆绑的加密方式，安全性相对较高。但一般有时间限制，比如发送一次验证码，用户只有60秒的使用时间。一旦用户手机出现问题，就没法用这种方式进行网上支付。

改善网银的使用环境同样很重要，其中最重要的是升级浏览器。据介绍，伴随 Windows XP 系统诞生的浏览器，因其安全防护性能极低，已经成为各种网络攻击的最佳突破口。据多家安全厂商监测，绝大多数得逞的网银攻击，都是通过 IE6 这类低版本浏览器进行。更要命的是，微软官方早已停止发送 IE6 补丁更新，也就是说，目前还在用 IE6 浏览器的网民，好比是在“裸奔”，无法保证网银的安全。建议网银用户应该尽量升级浏览器到 IE10 及以上版本，以较好防范钓鱼网站、木马程序、恶意病毒在内的网络攻击。

以下的建议或许能够对您提供一定帮助和提示作用，因为这些都是遭过难的朋友们总结归纳出来的“真知灼见”：

（1）不要对任何陌生人提供用户名、密码及动态口令。任何国家机关部门、银行都无权向公众索要账号和密码。

（2）认准官网和客服电话。不要轻信任何来自非客服电话的信息，同时要记清官方网站的网址，登录网站时不要通过链接或者按照他人指示的网址登陆，担心记不清官网网址，可在浏览器的收藏夹中将常用网站收藏。

（3）不要在图书馆、网吧等公共场所使用网银，同时要及时安装操作系统和浏览器最新补丁文件、为计算机设定密码、及时更新杀毒软件和防火墙等方式，确保计算机安全可靠。

（4）养成良好的操作习惯。在操作结束后选择“退出”网银系统，再关闭浏览器；密码设置要科学，使用后要避免保存在电脑中；保管好U盾、K宝、E令等安全密钥，切勿交他人保管。

（5）建议开通账户变动短信通知、网银登录短信提醒等服务，时时掌握账户情况，提高交易安全性。

案例1：王先生通过旺旺与某购物网站卖家商谈购买一条裤子。但王先生通过建行网银支付购买之后，却看不到交易记录。于是王先生向店家询问，店家就给了王先生一个客服QQ号，让王先生与客服联系。王先生与该客服QQ沟通后，客服QQ给王先生提供了一个“退款链接”，表示王先生按照提示操作就可以内部退款。王先生按照客服提示，进入了一个“授权建行账户支付协议签约”的界面。王先生对这个授权页面上的信息也有所怀疑，并提出了质疑。但客服表示：这是内部核对信息，只要按照提示完成操作，收款人就会将货款退还给王先生。王先生犹豫之后，还是按照客服提示完成了授权操作。几分钟后，王先生就收到银行短信，提示自己的账户中有1万元被转走；过了一会，他又收到一条新的银行短信，提示自己又有1万元被转走。见损失如此之大，王先生立即挂失了自己的银行卡，并向那位客服进行质问。但客服非但没有逃走，反而质疑王先生：“打您那个卡号，说对方挂失了，转不回去了”。王先生此时仍然对追回购物款抱有希望，于是要求将退款转到另外的存折上。经过交涉后，客服又再次引导王先生对自己的存折账户进行授权操作。此时，王先生感觉事有蹊跷，没有继续。

案例2：徐先生在网络游戏中看到有人在聊天频道低价出售游戏币后，便留下QQ号与对方进行了联系。对方邀请徐先生到知名的网游交易平台“5173”上进行交易，并提供了商品链接。徐先生使用农行网银支付购买后，页面提示交易不成功。徐先生向对方询问，对方就给徐先生提供了一个

“5173 客服 QQ”号码，请徐先生与客服联系，协商解决。徐先生与客服交流后，客服要求徐先生提供姓名和身份证号码等信息进行核对。徐先生如实提供后，客服向徐先生提供了一个退款链接。但徐先生打开后，进入的却是一个授权支付的界面。徐先生对这个页面表示不解，客服随即提出远程协助徐先生完成退款操作。随后，徐先生同意对方通过 QQ 对自己的电脑进行远程操作，完成授权后，徐先生感到对方的操作很可疑，随即终止了对方的远程操作。但等徐先生查看自己的农行账户时，发现其中已经多了 5 900 元的支付记录，而且去向不明。

与传统的钓鱼欺诈案例不同，这两起案例中，骗子虽然也是通过 QQ 发送钓鱼链接欺骗受害者，但受害者的主要损失并不是因为在虚假的购物网站上进行购物，而是因为他们在“交易失败”后向店家进行申诉时，被骗子的客服 QQ 诱骗进入了一个称为“授权××银行账户支付协议签约”的页面。当受害者按照骗子的指示完成操作后，实际上就已经授权了骗子使用另外一个网银账户对自己的网银进行转账或支付操作。

注意：不要随意点击陌生人发来的任何链接，或下载陌生人发来的文件。对于任何需要输入自己个人信息的网页，都要保持百分之百的警惕。网购时尽量选择登录正规的网站，尽量不从其他网页的广告中点击进入，按照网站的购物流程来下订单或付款，不要轻易使用代付、代购等模式。如果遇到交易异常，请通过官方的客服进行处理，不要相信陌生人发来的所谓QQ客服号码或电话客服号码。一旦网络交易出现异常，应当首先通过官方渠道联系客服，而不要轻信店家发来的客服聊天号码；不要相信所谓的卡单、掉单、解冻资金等说法，这些都是网络诈骗专用术语；网银账户应设置单日最高转账限额，并绝对不能将自己的账户授权给陌生人或陌生账户。如果网银里面资金比较多，可以设定每天支付上限。可以只在网银留少量资金，或者需要时转入。同时定期不定期更换密码，密码独立于其他账号。有网银支付程序的手机不要随意点击安装来历不明的程序。因手机的特殊性，木马不仅能盗走密码，还可能拦截您的网银验证码。

不少人士对信用卡开通网上银行很感兴趣，但还是有点担心它的安全性。建议先到银行网站上注册，尝试使用网银的查询功能，如果能接受这种方式，则可以到银行柜台签约成为高级客户，享受转账汇款、缴费支付、信用卡、个人贷款、投资理财等多种金融服务。客户也可以先签约名下其中一个资金比较少的账户作为试用，其他没有签约网银的账户是不可以在网上交易的。在使用一段时间后可逐步将其他账户签约追加到网银上，真正实现安坐家中，理财轻松。有人反映说通过网银买理财产品，却发现没有任何单据留下来，而且银行存折上也只是显示转账多少钱。其实这里要分两种情况：若客户购买的理财产品是银行代理的，客户可以通过网上银行购买后直接在网上银行查询交易明细或者到柜台打印交割单作为证明；若客户购买的理财产品非银行代理的产品，一般是投资者直接在基金或投资公司网站上购买该公司产品，然后通过网上银行进行支付。客户可以根据自己在基金或投资公司注册的用户查询交易明细，基金或投资公司也会每月提供对账单给客户。

11. 使用支付宝

现在很多人都用支付宝了，没有支付宝账号的人都算是落伍的了。以前转账汇款去银行，还要排队，现在只要在电脑面前点几下鼠标就可以了。支付宝的交易结算流程原理是这样的：买卖成交后，买家将款项付给支付宝，而卖家这时候拿不到钱款；支付宝会通知卖家“买家已付款”，等待卖家发货；卖家发货后将发货凭证通知支付宝；支付宝会通知买家：卖家已发货，等待买家确认，并将发货凭证号码告诉买家；买家收到货并确认无误后，向支付宝确认收货，并同意支付宝将款项转给卖家。这时候，卖家才能收到货款。如果买家收不到货，或者货品跟描述不符，他就可以向支付宝申请退款，结束交易，这样可最大限度避开买家上当受骗的陷阱。开通支付宝操作要点如下。

登录 http：//www. alipay. com 网址；点击新用户注册；选择手机注册或 E - mail 注册（推荐手机注册，比较方便一点，也比较适合新手）；输入可以接受短信的手机号码（E - mail 注册的请输入 E - mail），自己的真实姓名，登录密码，然后同意协议并提交。用手机注册支付宝的手机上会收到一条短信，里面包含验证码。用 E - mail 注册的验证码在邮箱里面。在网页上输入验证码后点击“提交”按钮。

支付宝主要通过银行来论证您的身份。逻辑是，您拥有一个银行账号并且您能提供这个银行账号的相关信息，就间接证明您是一个拥有合法身份的人，因为银行开户都是要求实名登记的。

您要有一个跟支付宝有合作的银行活期账户（活期银行卡或者信用卡）。在登录支付宝后，点击“实名认证”。一般有两种方式，一种是支付宝卡通，就是只要您输入银行账号的相关信息，您就可以通过实名认证了；第二种方式是支付宝往您的指定银行账号打入两笔很小的金额，您收到钱后，登录支付宝，正确输入两笔汇款的具体数额。您就可以通过支付宝的实名认证了。完成以上步骤后，您就拥有了一个完整的支付宝账号。您以后就可以很方便地在网上买东西，也可以很方便地收钱了。

支付宝里收到的钱，是可以随时提现的。就是说支付宝里的钱，是随时可以转到您的银行账号里的。

支付宝支付操作步骤如下：您在商城选好商品、进入结算中心后，选择支付方式处选择支付宝支付：订单确认页面点击“订单确认”后，系统提示订购成功并提供支付链接，请点击“立即支付”；进入支付宝收银台即时到账支付交易流程：确认款项无误，输入支付宝账户名与支付密码即可进行支付；如果款项不足支付订单，您可以选择“剩余金额支付方式”，充值的同时直接支付订单，也可以放弃使用支付宝返回商城修改订单，选择其他支付方式；若采用充值的同时直接支付订单，选择网上银行后，点击去网上银行充值；选择支付方式和开户分行后进行确认，支付宝收银台会提示“成功充值”。充值并支付成功后，款项将立即进入商城支付宝账户。

目前在支付宝设定的支付方式中，和银行卡密切相关的支付方式有网银支付和信用卡分期付款两种。采用网银支付时，选择支付宝公司提供的银行（工商银行、招商银行、建设银行、农业银行、兴业银行、广发银行、平安银行、浦发银行、民生银行、中信银行、交通银行、光大银行、中国银行、杭州银行、邮储银行、北京农商银行、富滇银行、温州银行）办卡并开通网上支付业务后在付款的时候可以选择相应的银行进行支付操作。采用信用卡分期付款时，您在淘宝或其他支付宝合作商家购物后，使用信用卡付款提供的分期付款渠道，采用信用卡快捷支付方式提供的银行（招商银行、农业银行、兴业银行、广发银行、平安银行、浦发银行、民生银行、中信银行、交通银行、光大银行、中国银行）进行付款。您可以选择将购买的商品和运费的总价平均分成3期、6期、12期等若干期数（月份），并通过使用信用卡快捷支付一次性完成扣款。付款完成后，您再根据信用卡账单和您选择的期数按时偿还每期（月）款项。

12.
刷卡消费的规矩

目前国内商业银行发行的银行卡都可用于刷卡结账。您结账时将银行卡递给收银员，收银员在刷卡机上刷一下，然后输入金额，这时就会递给您一个输密码的机子，在您核对上面的金额并确认没有错误后，轻轻触压键盘上面的数字键输入密码并按上面的“Enter”键或“确认”键就可以了（在您输入密码时刷卡机显示器上面会对应显示 * 字符号），这时机子就会打出单子来，收银员要求您在上面签字，您签好后还会再出一张与之同样的单子。签字的单子收银员收回，没签字的单子您自己收着对账用。这张单子的正式名称称作“签购单”，其格式如下图所示。注意：切勿签署金额空白或未完整填写的签购单。签购单填写有错误需重新填制时，需请收银员当面销毁全部签购单。如果是通过联线交易，已取得交易授权并打印出签购单的，应请收银员立即刷卡取消交易，并向商户索要和保留打印的凭证或商户给予的退货证明，避免日后发生纠纷。

POS机刷卡单据一式三联，用户、商户、收单行各执一份，都记录有交易详尽信息，而发卡行却没有这份交易信息，只能层层申请调单查阅。POS机每日刷卡金额自动清算到商家指定的结算账户上。结算时已经扣除相应手续费，到商家账户的是净计金额。目前我行信用卡在境外消费有两种交易线路，一种是银联的交易线路，一种是国际组织的交易线路。在信用卡正面可以看到卡片所属的信用卡组织的标识，您的信用卡可以在相对应的卡组织合作商户或机具上使用。无论您是否开通在中国银联商户刷卡消费时使用密码确认交易的功能，您在境外贴有包含“仅受理信用卡”或“仅支持签名”字样标识的中国银联商户，或在VISA或MasterCard商户进行POS消费时，均无须使用交易密码，仅凭签名即可完成交易。提醒您的是：通过银联线路交易，将以人民币结算。通过VISA或MasterCard线路交易，将以美元结算；同时，VISA或MasterCard线路的非美元交易，该币种与美元之间会产生货币转换费，通常货币转换费是按交易金额的 1.75% 计算。货币转换费不作为单独的交易显示，而是直接计入该笔刷卡交易的入账金额。

中国××银行	签购单　　持卡人留存
商户名称	深圳市宝安区渔溪美食城
流水号	119201360071424321
商户编号	980440306000000050
终端编号	00210101013121236448
卡号	622128 ******** 3554
日期/时间	2015－03－17 15：04：13
金额	758.00
持卡人签名	

如果卡号显示的是完整的银行卡号信息，应妥善保管，或撕毁作废。

网上流传着许多银行卡被盗刷的事件，相关的新闻报道也是频频见诸报端。仔细阅读分析后不难发现，其实还是在使用环节出现了“纰漏”。刷卡消费看似简单的事情，其实会由于人们的种种疏忽而被别有用心的人钻了空子。以下几点就需要大家刷卡时特别注意。

申请到银行卡后，必须在卡背面签名备查。在商场刷卡消费时，不要让银行卡离开视线范围，留意收银员的刷卡次数，避免误刷、特别是多刷。

在商场刷卡消费输入密码时，应尽可能用身体或另一只手遮挡操作手势，以防个别人的偷窥。尽量不要用“一指禅”，防止别人通过您的手的移动

判断您的密码。现在的密码通常为6位，输入完毕后别忘了按“确认”键。拿到收银员交回的签购单及卡片时，应认真核对签购单上的金额是否正确，卡片是否确为本人的银行卡。

妥善保管交易单据，刷卡消费时若发生异常情况，如发生卡重复扣款等现象，可凭交易单据及对账单及时与银行联系。如已取消刷卡交易改用现金付款，应要求商户撕毁其保留的刷卡签购单，并妥善保管好现金付款凭据。

在收到银行卡对账单后，应及时核对用卡情况，如有疑问，应及时拨打银行客户服务热线进行查询。

您可以看看自己的借记卡上面是不是有“银联”的标识，目前国内商场的POS机都能够接收有银联标识的银行卡。现在银行卡相关的诈骗非常多，如果没有必要，不要将自己的银行卡交给别人。在公共区域不要让您的卡离开您的视线。收银员在 POS 机上刷一下卡足够。然后，在 POS 机上输入消费金额，按键确认后，就该您输入密码了。POS 机的密码键盘应该放在柜台上，而且上面会显示消费金额让持卡人确认。不过，现在很多收银台为了防止顾客过早输入，都把密码键盘放在柜台里面，等收银员输入完毕，密码键盘进入接收密码状态后，才将它交给顾客输入密码，此时作为顾客的您必须确保看到 POS 液晶屏显示出是您的消费金额。输入密码是一个非常敏感的过程，您必须在确认周围没有人能够看到您的密码的情况下输入。特别是收银台周围上方是否安装有监控设备。鉴于国内大家在排队交钱时都不会保留必要的个人空间，因此建议您在此前先环视四周，对挨您太近的人给予一定的提示。记住，一定要确保没有人能够看到您的密码，因为对于借记卡来说，密码是您保护自己账户安全的唯一保障，不要迷信卡片，任何人都能够非常容易复制一张卡片。

不要让任何人看到您的密码，包括收银员、银行的职员等。还要提醒您要提防拿手机的人，手机是能够摄像的啊，如果您输入密码的时候被别人摄像，一定要立即制止。

原则上要拒绝收银员在没有得到许可的情况下多次刷您的卡，同样还要拒绝收银员使用非 POS 机进行刷卡操作，特别是离开了您的视线。银行卡离开您的视线哪怕一秒钟就足够有心人复制一张一摸一样的卡。发现有上述情况时应及时拨打 110 进行报案，以免给您造成实际损失。同时应定期向银行索取借记卡的对账单，核对自己的消费是否正确。要注意那些相同金额的消费，并判断是否存在误刷的可能。如果有误刷，您需要与发卡行联系，询问您的卡片交易情况。

据了解，目前信用卡被盗刷主要是伪卡顶替、互联网欺诈和卡丢失后被盗刷三种情况。下面三个案例或许对您有所启示。

（1）**警惕“克隆卡”**。西安市民刘先生信用卡内 12 000 元被人在 6 天里分 12 次用手机银行转走。但银行卡和手机一直随身携带，手机从头至尾没有收到任何短信提示，信用卡还款时才发现被盗刷。(原来，不法分子利用 POS 机刷卡为客户套取现金，并从中收取手续费，或利用 POS 机盗取银行卡信息后，利用“克隆卡”盗取客户资金。还有不法分子在自助银行门禁系统或 ATM 机上加装盗码器、摄像设备等装置，窃取持卡人的密码和银行卡磁条信息，然后制造“克隆卡”盗取资金。消费者应尽量避免去一些不熟悉、治安环境恶劣和不太规范的商户进行刷卡消费；持卡消费的时候，要注意观察 POS 机是否有改装过的痕迹。同时，消费者取款时应尽量去市区繁华地带规模较大的自助银行，并注意观察身边有无可疑人员、分辨 ATM 机的插卡口等处有无多余设备，机上有无可疑装置或广告。一旦出现吞钞、吞卡等故障请拨打屏幕上显示的客服电话，不要轻信贴在自助设备旁的告示。）

（2）**别乱扫“二维码”**。王先生在网上经营一家网店专卖泥浆泵。2014 年 1 月 19 日，一个陌生人以买货为名加他为 QQ 好友，同时发来一张二维码让王先生先扫一下，以方便今后联系。随后两天里，王先生在网上交易中再没收到短信提示，就连使用支付宝需要的验证码信息也没有收到。王先生感到奇怪，因为手机绑定了网银功能。他赶到银行查询，结果发现，他的银行卡有 100 多次网上支付记录，总计支付金额高达 9 万多元。王先生赶紧向公安机关报了案。原来，王先生在网购时接触到了类似二维码的图样，诈骗分子则正是利用这些二维码将手机木马植入被害人手机并自动提取相关信息，短短几秒钟，手机号、卡号、密码等私人信息可能已经传到他人手中。购物时除了要登录正规网站网银支付，不要在其他网站跳转的不明链接或电子邮件提供的银行网站上进行支付操作外，在遇到二维码、应用程序等交易时，先核实二维码的来源，要选择正规企业、商家发布的二维码，不要扫描来源不明的二维码。同时，用户需要安装手机安全防护软件，及时更新，以降低信息安全风险。

（3）**先挂失后报案**。康先生是某行万事达信用金卡持有人。有一天晚上外出时丢了名片夹，内有身份证和涉案信用卡。由于信用卡未设密码，康先生立即拨打了银行客服电话办理了停止支付手续，并在 20∶16 报警。即便如此，行窃者还是于 19∶59 在百佳超市天娱广场分店盗刷 10 538 元。康先生为此对百佳超市提起诉讼。庭审过程中，鉴定机构对涉案消费交易的商户存根即签购单进行了笔迹鉴定，认定签购单上签名不是康先生本人所写，超市应承担责任。后经法庭调解，10 538 元的损失康先生自负 30%，百佳超市负担 70%。凭签名消费的卡被盗刷不用承担盗刷资金的风险是一种误解。大多数银行为持卡人提供的信用卡失卡保障服务普遍只针对不设密码的信用卡。若信用卡结算时凭密码进行，即使被证实盗刷，持卡人仍无法获得失卡保障的理赔服务。持卡人发现卡丢失或卡资金被盗刷时，应该第一时间向银行挂失。持卡人还可结合自身情况向银行申请设置信用卡单笔或当日刷卡上限，将损失降到最低。

13.
境外刷卡要谨慎

如今，出国旅游、工作、读书都已是非常平常的事。在国外消费，更多的人也选择直接带上一张或几张银行卡，既省去了去国内银行换汇的麻烦，还可能获得更划算的汇率。白领王小姐酷爱出国旅游，且对于在境外如何消费已经有了自己的一套经验，但她也表示：虽然每次出国前都会做充足的攻略，其中也包括怎么换钱、刷卡最划算，回来之后还是会发生对不上账的情况，银行账单上也看不到具体手续费收了多少，有时候比自己预估的多了不少，但刷多了也没什么办法。王小姐的疑惑其实代表了国内大部分有境外旅游经历人士的想法。到底在境外提现、刷卡消费手续费是怎么收取的？如果需要外币消费汇率怎样计算？哪些费用能省哪些又不能省？

（1）境外刷卡消费

如果您是在带有银联标识的境外终端机上刷卡消费，那么记账币种为人民币，您在还款时直接用人民币还款即可。交易汇率按照中国银联提供的汇率予以换算，而且因交易国家、地区不同，有可能交易时需要输入密码。若收银员要求您输入密码时，请您输入 6 位数的交易密码，交易凭“密码 + 签名”确认；若收银员没有要求输入密码，则您直接凭“签名”确认，无须输入密码。如果您是在带有 VISA 和 MasterCard 标识的境外刷卡终端上刷卡消费，那么记账币种为美元，汇率按照 VISA 和 MasterCard 国际组织提供的当日汇率予以换算，而且交易时不需要输入密码，交易直接凭“签名”确认。例如，以“62”开头的兴业银行银联单币信用卡在美国、韩国、匈牙利、冰岛指定商户刷卡消费时，支持“仅凭签名”交易方式，无论您的“62”开头银联单币信用卡是否已设定交易凭密码功能，均无须输入密码即可轻松消费。其他国家和地区开通情况，请以中国银联的公告为准。境外部分商户可能会产生额外费用，如餐馆需支付小费、出租车需增收服务费等，一般是交易金额的 10%，您在消费时应确认签单上“Total”栏位的金额是否与最终确认支付的金额一致。为确保您的用卡安全，消费完毕后，请妥善保管好您的信用卡和消费凭证。

VISA 和 MasterCard 是按照账单当日的汇率进行结算，而银联则是以刷卡当日的汇率进行结算。

目前银联借记卡在银联境外特约商户被受理时主要分两种方式：一是在大部分银联境外特约商户被受理时与境内方式一致；二是在部分新拓展的银联境外特约商户被受理时，无论信用卡是否预设密码，均通过签名确认完成交易，与其他国际卡组织网络的受理方式一致，但有别于银联信用卡在境内的受理方式。持卡人无须特别识别上述商户，只需根据商户收银员指引进行操作即可顺利用卡。而采用预设商户交易密码的信用卡在银联支持信用卡“签名确认”的境外商户受理方式流程是商户收银员刷卡后，终端打印单据，持卡人在收银员提供的签购单上签字确认，即交易完成。持卡人无需在这个过程中输入交易密码。签名确认交易为国际信用卡通常采用的方式。银联联合发卡银行、境外收单机构各方，提供配套的风险监控、异常交易预警和交易控制措施，同时发卡银行将对持卡人提供交易短信通知服务，有效保证持卡人用卡安全。

信用卡和借记卡境外消费如走银联线路，刷卡都是没有手续费的。但是如果走国际线路，消费金额为非美元，会产生两种货币间的兑换费用。使用信用卡时国际组织将按照交易金额的1.5%收取货币交易汇兑手续费，借记卡为交易金额的1%。如果消费金额为美元，则无兑换费用。根据国际组织的规定，境外交易款项的汇率是根据国际组织清算日的汇率为计算标准，不是消费日的汇率，也不是账单日当天的汇率，因此会产生汇率不同的情况，最终折合美金金额以账单为准。如发生退货，交易仍将收取汇兑手续费。

一般人认为的境外刷卡手续费，其实就是货币转换费，是指当消费者使用双币信用卡或单一外币信用卡在国际结算线路上消费外币时，国际卡组织

和发卡银行要收取的费用，作为换汇的报酬。目前，我国发卡银行收取的货币转换费在1%—2%之间，比较常见的是1.5%，VISA和MasterCard收取的货币转换费是1.5%。在境外，如果使用有银联标识的信用卡走银联线路进行消费，就可以省去这部分货币转换费。这是因为使用银联线路结算时，银联会自动将当地货币金额根据当时汇率转换为人民币金额，即时记入您的人民币账户，回国后您直接按照这个金额用人民币还款即可，就免去了货币转换时产生的费用。而如果您使用VISA、MasterCard等其他结算通道，则需要将当地货币先折换为美元进行记账，回国后发卡银行再根据美元金额折换为人民币金额要求您还款，其中会产生两次货币转换费，高达刷卡金额的3%。当然，如果您是在美元地区使用VISA或MasterCard通道消费，直接用美元记账，可省去一次货币转换费，但回国后要使用人民币而非美元还款，国内银行仍会收取您一笔货币转换费。事实上，相比繁琐的信用卡消费金额核算，携带一张适合的借记卡出国更为便捷而划算。如果您持有与目的地国流通货币相对应的双币借记卡出国消费，就不会产生任何额外费用。以“人民币+美元”双币借记卡为例，不论通过银联、VISA或MasterCard等刷卡终端，都不会产生额外费用。不过，如果您所持借记卡的币种与目的地国流通货币不一致，则不可避免地将会出现一定额度的手续费。刷卡手续费最高为消费金额的2.9%。

需要提示大家的是，银联卡在泰国、韩国及新加坡交易时的计价货币为当地货币，交易完成后，中国银联将按照我国外汇管理的有关规定，按照交易当日的市场汇率转换成人民币金额向发卡银行清算，发卡银行再扣除持卡人的人民币账户资金。

大多数情况下，信用卡消费是有积分的，借记卡是没有积分的。信用卡的消费是否会累积积分，需参照发卡银行积分规则的规定。如刷招商银行信用卡（除商务卡、航空类联名卡、正大卡、凯莱酒店联名卡、车卡、魔兽卡、久游卡、ThinkPad卡、QQVIP联名卡、我爱城市金卡系列外），您的交易金额按单笔消费或取现计算，人民币20元或美元2元积1分的分值，在银行记账日次日生效。但有部分消费类型除外，如：买房、买车、批发、慈善、非盈利性服务、政府类支付交易、公立学校、公立医院、金融类及其他在信用卡网站上明示不累积积分的商户。

对于普通持卡人来说，在境外使用银行卡实际上很难掌握使用哪种卡能够产生最少的手续费，而最简便的方法，就是尽量使用借记卡进行取款和刷卡消费，一般来说在同等情况下都可省去不必要的手续费。

持卡人对国际卡组织与境外结算币种往往会存在一些误解。例如从日本旅行归来的钱小姐收到信用卡账单后，诧异地发现自己虽然刷卡消费时刷了JCB双币卡，但是还是被收取了1%的货币转换费。这是因为我国发行的双币卡是指卡片除了拥有人民币账户外，还拥有一个外币账户。而信用卡上印有的卡组织标识，如银联、VISA、MasterCard、JCB等等，则表明了持卡人可以通过哪个或哪几个途径刷卡消费。例如，同时印有“银联”、“VISA”标识的卡片，说明该卡片可以在银联POS机和VISA POS机刷卡消费，而无法通过MasterCard渠道或JCB渠道刷卡消费。因此卡组织并不代表外币币种。以JCB为例，作为日本信用卡行业的先锋，从其进入中国市场至今，JCB与发卡合作伙伴建设银行、中国银行、招商银行、浦发银行、光大银行、民生银行、上海银行、平安银行及工商银行共同推出的卡片，绝大多数都是“人民币、美元”双币卡，而仅在与中国银行的合作中，推出了“人民币、日元”双币卡。而像我们所熟知的VISA、MasterCard等卡组织，也不仅仅局限于推出“人民币、美元”双币卡。因此，卡片的外币账户类型也就不能简单地以卡组织来区分了。消费可能产生的货币转换费，由国际卡组织收取。以钱小姐为例，她所持有的是一张印有银联、JCB 标识的“人民币、美元”双币卡。在日本消费时，当地币种为日元，由于她没有通过银联渠道刷卡，而是通过 JCB 网络消费，所以，她的日元消费会被转换成美元计入美元账户中。而在此过程中，也就产生了 1% 的货币转换费。那么，有什么方法可以避免这笔手续费呢？一种建议是在银联网络较少或没有的地区，应考虑办张相应外币币种的信用卡。在欧洲使用“人民币、欧元”信用卡或是欧元单币卡，在日本使用“人民币、日元”双币卡。即便是在银联网络遍布的香港地区，也可以使用港币信用卡，享受国际卡组织 VISA、MasterCard 等提供的刷卡优惠，同时不产生货币转换手续费。但若使用欧元单币卡在境内进行人民币刷卡消费，或者是其他非欧元消费，则会产生货币转换费。还款时直接存入欧元或购汇后还款都不产生手续费问题。（另一种是有欧元账户的借记卡，若设定了关联购汇还款功能，那么在最后还款日前 2 天，只要关联账户中有足够存款，就会自动购汇还款。）爱去日本旅游的钱小姐其实办一张 JCB 与国内银行合作推出的含日元账户的信用卡就可省去大部分的手续费和兑换费。当然也有特殊情况，对于越南盾、马来西亚吉林特等一些小币种的外币，由于与人民币结算总量较小，管理成本较高，还是用美元记账较好。

又如您在国外的自助加油站加油时收到的交易短信提醒中的金额可能比您实际加油的费用多，这是因为国外的自助加油站一般会按照商家的设定冻结您信用卡中固定金额，即交易短信中提示的交易金额，但最后商户会按照实际产生的加油费用向您收费，所以您可以不必太担心。

（2）境外预借现金

在境外，可在有 VISA 或 MasterCard 标识的银行柜台，凭有效身份证件、信用卡和密码提取当地货币；也可通过 VISA、MasterCard 或银联 ATM 使用信用卡和密码提取当地货币。在境外提款时，若通过银联 ATM 交易，则记账币种为人民币，汇率按照中国银联提供的汇率予以换算；若通过具有 VISA 和 MasterCard 标识的 ATM 交易，则记账币种为美元，汇率按照 VISA 和 MasterCard 国际卡组织提供的汇率予以换算。我国港澳地区银联自动柜员机（ATM）提款规定为：香港地区每日累计不得超过 4 500 元港币，澳门地区每日累计不得超过

4 800 澳门元。在境外（除港澳地区）提款时（含溢缴款），1 日内累计提现不得超过等值 1 000 美元，1 个月内累计提现不得超过等值 5 000 美元，6 个月内累计提现不得超过等值 10 000 美元。由于国外的自动柜员机一般提供若干个账户供持卡人选择（Credit Card Account，Saving Account，Checking Account），请您注意选择“Credit Card Account”。

目前银联卡的境外 ATM 机提现手续费是按每笔交易金额的 5‰、最低 10 元人民币的标准收取的，但是如果在美国、日本办理银联 ATM 取现业务时，除境内商业银行向您收取的正常境外取现手续费外，当地受理机构可能还会向您收取额外手续费。使用 VISA 或 MasterCard 卡在境外 ATM 机提现，手续费按照每笔取现金额的 1%、最低 2 美元的标准收取。

很多人在 ATM 机上取款的习惯都是先查询余额，再进行取款，这在国内一般不会产生额外的费用，但在境外就需要注意了，各家银行境外 ATM 查询余额也可能收取不等的手续费，比如华夏银行、光大银行、中信银行都是免费，而兴业银行、平安银行、广发银行则要收取每笔 2 元的查询费用，中国银行、工商银行则要收取每笔 4 元的手续费。

在境外使用银联信用卡取现，不仅手续费会高于借记卡，而且会收取每日0.05%的利息，直到还款为止。即使有的银行手续费免费，但仅是利息已经非常不划算了。不少持卡人为了在境外用卡更方便，都会办理一张双币卡，既可走银联通道又可走VISA或MasterCard通道结算。一般来说，在境外使用银联通道能够省去1%、2%的货币转换费，更加划算。但需要注意的是，在境外ATM取款会有一个通道选择优先级的问题，而且不可更改。也就是说，如果您看到一台ATM上有VISA和银联的标识同时存在，ATM会选择它已经设置好的优先级使用通道，您个人无法选择，大多数情况下境外ATM设置的VISA通道都会高于银联通道。所以，想要走银联通道在境外ATM上取现，最好还是使用只有银联标识的单币卡。

（3）境外消费退税

持卡人在境外购物消费后，可享有免税商品的退税优惠。退税的方式主要有两种：一种是现场退税，即刷卡交易的金额不包含应缴的税金或在市内店面领取退税现金，但前提是持卡人必须要履行该国政府规定的退税手续，否则商户有权在大约一个月后从持卡人的信用卡中补扣应缴纳的税金（可能还需额外支付罚金）；另一种方式是事后退税，即交易金额包含税金，商户在您履行了退税手续后再将退税额退回至您的信用卡中。由于各国的退税规定不尽相同，提醒持卡人需留意。

退税的“税”指的是增值税或者消费税，所谓的履行退税手续是指，必须在出境时在海关办理退税手续，海关在受理后会在两联退税申请表上盖章，商户或退税机构若在规定时限内收到海关盖章的退税申请表，即视为退税成功。购物时请仔细阅读退税申请表的条款，在明白协议及需履行义务后提供信用卡压卡并签名，当场将其中一联交给商户，另两联留至出关时办理退税手续时使用。

离境时请务必按照相关规定办理退税手续，即将所购物品与退税申请表交海关检查，海关核实无误后会在两联退税申请表上盖章，由退税申请人保留客户联（通常为蓝色），将店家存联（通常为粉色）装入商户提供的退税专用信封，投入机场退税指定邮筒，或按其他指定的方式送回退税机构或商户。信封已经预付了邮资，可以在购买地所在国境内免费寄送退税申请表，但是，若不在购买地所在国境内寄送，则可能需要额外补充邮资，请退税申请人确保邮资足够。

请务必保留另一联海关盖过章的退税申请表

（客户联），一旦发生纠纷，此凭证可以作为解决争议的有力证据。

（4）境外紧急支援服务

目前国内商业银行的联合国际组织都可为持卡人境外出行提供紧急支援服务，如持卡人在境外旅行时遇到紧急情况，可致电发卡银行 24 小时境外用卡服务热线，或国际组织当地服务热线请求帮助。主要的服务内容如下：

紧急替代卡：如果持卡人在国外旅行时，发现信用卡不慎遗失或被窃，而持卡人仍需继续使用信用卡时，可以致电发卡银行 24 小时境外用卡服务热线挂失信用卡并申办紧急替代卡。发卡银行在接到持卡人的要求后，会立即联系国际组织为持卡人办理紧急替代卡。国外发卡机构会主动与持卡人联络，并确认取卡时间、地点与方式。申请紧急替代卡后，持卡人应在同一地点至少停留 48 小时以上，以方便联络，并为持卡人及时寄达信用卡。紧急替代卡仅限本人领取，领取时需出示持卡人的有效身份证件，若证件遗失，需要持卡人提供证明持卡人身份的资料。紧急替代卡超过 5 日未领取，将会被自动注销，但持卡人仍需支付补发紧急替代卡所产生的手续费。同时，紧急替代卡只能用于刷卡消费，不能预借现金。紧急替代卡只在指定时间内有效（多为 90 天），到期后即自动失效，需持卡人自行剪断丢弃。

紧急现金支援：本服务是为持卡人在境外遗失信用卡后尚未收到补发新卡期间，需要提取现金而提供的一项紧急支援服务。在补发的新卡激活前，对同一持卡人最多只能提供一次境外紧急现金援助服务。紧急取现的限额为：普卡等值 300 美元，金卡等值 500 美元，VIP 客户等值 800 美元。

各发卡行对境外补发紧急替代卡服务费、境外紧急取现服务费及境外紧急取现服务均有手续费收取的规定。

14.
卡多了并非好事

信用卡不仅能带来很多方便，而且是时尚和品味的象征。信用卡可透支消费，能够缓解持卡人资金上暂时的燃眉之急；信用额度可以累加升级，消费可享有免息期，积分累加，可以换礼物；境外使用方便而且很多折扣商户。正是这些优势，使一些人在申请信用卡的时候，会向多家银行申请多张信用卡，不过这样也会有一些弊端产生。首先拥有多张银行卡会造成管理上的不便，降低资金的使用效率，其次，对于那些自控能力不足的持卡人来说，拥有多张可以透支的信用卡可能会过分扩大消费欲望，买回并不需要的一堆商品，造成盲目消费，危害财务健康。盲目消费的后果就是会对日后带来比较大的还款压力，甚至造成负债累累，影响到日后的生活质量。因此，持有多张信用卡并不一定就好，持卡人应根据实际用卡情况，综合比较，对多张卡的功能进行整合。选择最适合自己的信用卡，提高个人资金的管理效率。第三，由于多张信用卡的使用，还有可能会让持卡人在用卡不慎的情况下留下不良记录，从而影响到日后贷款买房买车等大额贷款的额度。建议不用的“睡眠卡”应尽早注销，减少不必要的费用支出。目前大多数信用卡是有年费的，往往在刷卡次数不达银行规定的情况下，年费是不能减免的。如果是多张信用卡刷卡使用，又不能减免年费的话，对于持卡人来说每年也会增加一笔不小的开支。

最近有网友在论坛晒自己同时持有同一银行多张信用卡。而实际上同一银行多张信用卡存在一个

额度共享的问题，也就是说您手中所持有的信用卡共用一个额度并不会因为卡多而使总额度增加。目前国内除了招商银行、民生银行的信用卡外，多数银行的信用卡都是单独出账单并单独还款，因此持有同一银行多张信用卡还款还真是个棘手问题。如果每一张信用卡都有年费需要刷够一定次数或者金额才能免年费，那么持有同一银行多张信用卡的情况下需要考虑年度内每一张卡都要刷够免年费的次数和金额，管理起来十分不便。一旦其中一张信用卡忘记还款就会产生逾期。当然像招商银行、民生银行信用卡是多张卡共用一个账户、出一份账单、统一还款，相对来说比较容易进行管理。申请同一银行多张信用卡的另一大弊端就是持卡人手中持卡数量过多的情况会体现在他的个人征信系统中，对于他之后申请新的信用卡、申请房贷车贷会有一定的不利影响。

其实，在只有一张单币信用卡的前提下再申请一张双币卡或者多币种信用卡满足境外刷卡需求，是个不错的主意。如果所申请的信用卡属于终身免年费的信用卡就更适合了。需要注意的是，每一张卡都有一个对应的账单日和一个最后还款日，信用卡太多的话，每个月的账单就多，最后还款日也不相同，所以这就需要有很好的记性，才可以有条不紊地处理好这个按时还款的问题。生活压力越来越大的持卡人若把过多的精力放在多张信用卡还款这个问题上，确实是一件极不划算的事情。不仅还款麻烦，而且一不小心有了逾期污点，以后再办卡、申请贷款都不会顺利。同时，拥有的话，信用卡太多，无法对每张卡进行全面的保护，这样的信用卡被盗刷的可能性就大大增加了。正因为卡太多，有的卡不常用，即使卡被盗刷了，持卡人也不会及时发现，这样的损失往往是非常惨重的。办的卡越多，丢卡的风险也就越大。所以，一定不要随意在网上泄漏了您个人信息资料，对自己所持各卡的使用情况要做到时时掌握，加强自我保护意识，以免造成不必要的损失。建议办信用卡不宜太多，最好不要超过 3 张。使用 2 张信用卡就可以了，一张低额度的，用于日常消费；一张额度稍高的，用来购置大额商品。信用卡太多，确实麻烦也多，大家应该按照自己的实际情况合理选择拥有信用卡的数量。

15. 贷记卡的还款

当您在开卡银行办理贷记卡的时候，就应该问清这家银行支持哪些还款方式，尽量办理还款方式更加多样化的贷记卡。仅就还款金额来论，目前贷记卡有全额还款和最低还款额还款两种方式可供选择。持卡人适合选择全额还款的，需要在规定的期限内还清目前账单上显示的全部应还贷记卡还款额。在选择全额还款时，消费款项会享受20—56天不等的免息待遇。因特殊情况持卡人需要选择最低还款额方式，银行对于持卡人应偿还的最低金额是有规定的。持卡人只要在贷记卡到期日前还清最低贷记卡还款额或以上金额就可以享有循环信用。同时要注意，享有这种方式的持卡人不能再享受免息期，需要根据实际日期收取利息。因为每笔持卡消费的日期不同，相应的贷记卡免息期也不相同。

持卡人就要学会计算贷记卡的免息期，就可以用完银行提供的一切免息贷款待遇，同时也避免了由于对免息期和还款日期不清楚，或者是错过了还款日期，承担了额外的欠款利息。目前，持卡人如果在到期还款日前还清了全部还款额，相应还款额中在账单日前一个月内发生的消费交易本金可享受由银行记账日到还款日期间的一切免息待遇。银行的贷记卡都会有一个免息的还款期，但费率根据银行各自情况制定，所以利息计算会有所差别。

首先建议当您在使用贷记卡透支消费时，要仔细阅读每月的贷记卡对账单。银行系统在打印对账单时，会根据上一还款期信用卡的使用情况，计算出已还金额、应还金额，是否超过最低还款额等要素。如果本月已还金额已经超过最低还款额，对账单上的最低还款就应显示“0.00”。每月拿到对账单时要仔细看清楚。其实最简单的方法就是，每个月的透支无需提前偿还，等到下个月银行记账日前固定的某一天还清就可以了。其次还要弄清楚如何计算“免息期”。标准的免息期解释是：持信用卡消费结账可享受自银行记账日起计算的最短20天、最长56天的免息还款期。免息还款期的具体计算，涉及银行“记账日”、“结单日”和“还款日”。在商户结账后的当天或最迟第二天是银行“记账日”，银行的每月最后一个工作日为“结单日”，结单日后20、25天为“还款日”。举个例子，如果持卡人在5月11日持长城信用卡在某商场透支消费结账，那么5月12日为中行记账日，5月31日为中行向客户送月结单日，这笔透支消费交易的最后免息还款日就是6月20日，这样该笔交易的免息还款期为40天。依此类推，如果是在5月1日消费结账，最后还款日将为6月20日，就是说该笔交易可以享受50天的免息期了。

此外，您在收到银行卡对账单时还会发现一栏“最低还款额”信息。如果持卡透支消费了3 000元，那么客户收到对账单“最低还款额”一栏的信息即为300元，即总透支金额的10%。您如果在免息期内手头暂时拮据，那么只需在免息期内先还300元，就不会被视为恶意透支。但如果不还足最低还款额，那么银行将视其为恶意透支，将加收“滞纳金”，并被记录在不良信用“黑名单”上。

生活中使用贷记卡的用户，只有遵循贷记卡的相关条约，您的利益才会受到保护，同时也会给您生活提供更大的便利。持卡人应特别记住以下几点：

（1）客户可按照发卡机构规定的最低还款额还款。最低还款额为发卡机构规定的客户应该偿还的最低金额，最低还款额＝（本期账单余额－本期未还利息－本期未还费用－本期分期分摊未还金额－上期最低还款额未还部分）×10%＋本期未还利息＋本期未还费用＋本期分期分摊未还金额＋上期最低还款额未还部分。

（2）客户未能在到期还款日（含）前全额还款的不享受免息还款期待遇。不享受免息还款期待遇的，已偿还部分按透支利率计收自记账日至还款日的利息，未还部分按透支利率自记账日持续计息。免息还款期是指客户除现金及转账外的交易从发卡机构记账日起至对账单通知的到期还款日（含）止的时间。客户在到期还款日（含）前偿还对账单所列的全部应还款额的，则无需支付除现金及转账外的交易的透支利息。贷记卡透支利率为日利率5‰，透支利息的结息日为账单日，在次日起息，按月计收复利。例如：王先生于2015年3月到银行办了一张信用卡。2015年5月30日，他用这张卡在商店消费了1 005元，在银行规定的到期还款日2015年6月23日前归还了1 000元，尚余5元未还。2015年7月4日（即规定到期还款日后的第12天），他收到银行对账单，要求其交纳透支利息12.09元。本金只剩5元的透支款，仅12天时间就需支付近3倍的利息。像王先生这样由于不了解贷记卡透支利息的计算方法，而向银行交了“冤枉钱”的人实在不在少数。

（3）客户未能在到期还款日（含）前偿还最低还款额的，除应支付透支利息之外，还应对最低还款额未还部分按收费表规定的收费标准支付滞纳金。

（4）尽量避免用信用卡提取现金。例如胡女士前不久遇到了一件急事，情急之下用信用卡透支取用现金2 000元。当她接到了银行发来的对账单时，对账单上不仅列出这笔款项20天的透支利息20元，而且还有高达60元的手续费。胡女士心里十分窝火，便去找银行理论。银行工作人员告诉她，按照《银行卡业务管理办法》的有关规定，信用卡透支取现不享有免息期待遇，从透支取现的那一天起，就要按日万分之五的利率来计算透支利息，同时还要按透支金额收取3%的手续费。胡女士进一步打听才知道即使转账使用信用额度，同样不享受免息还款期待遇，发卡机构将从记账日起计收透支款项的利息至该笔款项获得清偿时止。通过贷记卡提取现金与银行1年期短期贷款5.31%的利率相比，高出了很多。另外，对于在ATM机上提取的现金还要收取1%左右的佣金。所以不是万不得已，应尽量避免用贷记卡进行现金和转账的透支交易。

（5）升级信用额度不要太任性。刘先生今年年初在某银行申办了一张贷记卡，最初银行授予的透支额度为2万元。然而最近3个月，在他连续申请下，银行连续3次将他的透支额度提升到5万元，而且还批准了一个很高的临时透支额度。透支额度的快速提升，大大刺激了刘先生的消费热情，在3个月的时间内，他近乎疯狂地进行透支消费，透支消费累计高达20余万元，因而也付出了2 000多元的透支利息。据相关工作人员透露，这种大幅提升贷记卡额度，怂恿持卡人疯狂透支消费在许多银行都存在。由于银行的贷记卡业务正处在拓展期，为了使自己发行的贷记卡占领更多的市场份额，同时也是为了获取更多的透支利息，许多银行机构都将审批贷记卡透支额度的条件放的很宽。所以，当您能够轻而易举地获得较高的透支额度时，您可要千万小心，切莫跌入疯狂透支消费的陷阱之中。

目前可供选择的信用卡还款方式有：

（1）**使用 ATM 机偿还：**如果打算使用发卡行的借记卡或他行的借记卡还款，登陆还款卡片开户行 ATM 机还款首页，点击信用卡还款按钮；进入贷记卡还款信息界面后按照提示，选择贷记卡发卡银行、输入贷记卡号、持卡人姓名、每月还款日、还款金额及联系方式并确认；通过转账方式完成付款；还款结束后别忘了进行交易查询并打印凭条留存。还款后，贷记卡额度即时恢复，款项一般在当天系统处理后，即可入账。跨行转账或者汇款，汇出行将收取一定的费用，同时款项在到账的时间和还款便捷程度上都不如同行内还款、网络还款方式。如果打算使用现钞进行还款，去找发卡行的自动存款机，将信用卡插入到存款机中，点击存款，在入钞口放入您的钞票，按照提示完成，就可以还款了。如果人民币出现褶皱或夹有异物被存款机吐出来则要反复操作好多次。

（2）**手机还款：**手机是一种移动金融系统个人支付终端，既可以用来直接刷卡还款，也可以进行转账等业务。

（3）**网络还款：**网络还款已经成为广大贷记卡使用者的一种常用还款手段。登录网上银行界面后，在收款方户名框内填写信用卡持卡人姓名、在收款方开户行内选择贷记卡发卡行名称、在转入收款方账号框内填写贷记卡卡号、在转账金额框内输入转账金额、在备注框内填写信用卡还款、在取款密码内输入取款密码，在确认完毕后，系统将提示转账是否成功及转账的金额。目前，持卡人可使用某些银行的“付款计划”功能预先设定付款日期，网上银行将根据持卡人的要求，一次性或每月定期从一卡通转账向持卡人的贷记卡或者持卡人指定的他人的贷记卡转账还款。

（4）**使用拉卡拉机具还款：**现在一些超市、商城等地方都设有拉卡拉机具，使用拉卡拉的时候必须同时携带贷记卡和借记卡。按照提示找到信用卡还款界面，然后刷一下贷记卡。会显示持卡人的欠款金额，根据提示输入持卡人要还款的金额，注意必须保留小数。再根据提示刷一下借记卡。然后打印凭条，还款结束。实在不会，就找商场的工作人员帮忙操作，但一定要注意密码的保密。拉卡拉可以支持的银行信用卡，并非所有银行。但至少目前是免手续费的。

（5）**绑定同行借记卡自动还款：**通过绑定同一家银行的借记卡，并开通自动还款功能，在每月的贷记卡最后还款日，开户银行会自动把借记卡上面的钱转到贷记卡账户上。但是，使用借记卡自动还款，需要保证您的借记卡上有足够的资金，如果因为资金不足而导致未及时还款，那就不划算了。

及时全额还款，不仅会免除银行利息开支，还能给自己留下良好的信用记录，银行会帮助持卡人积累信用积分，到一定时候提高持卡人的透支额度，或者在办理房贷、车贷时帮持卡人减少审批程序。从另外一个角度讲，透支事实上构成了客户与银行之间的借贷关系。到期不还款，不但会引发法律纠纷，还会承担高额罚息，最重要的是会形成不良记录，给今后的工作生活带来负面影响。需要说明的是，信用卡违约后所涉及到的罚息费用是一种循环信用。循环信用实质是一种按日计息的小额、无担保贷款。如果在最后还款日未全额还款，在下期对账单上，则会产生循环信用利息，且需要从消费入账日起计算利息。目前除了工行实行余额罚息外，其他银行仍实行全额罚息。全额罚息是指即使客户偿还了部分款项，但在计算罚息时不扣除偿还部分，利息费用通常按日息 5‱计算。有的银行规定，记账日起 15 日内按日息 5‱计算，超过 15 日按日息1‰计算，超过30日或透支金额超过规定限额的，按日息1.5‰计算。但如果属于恶意透支的，按照《刑法》规定，对恶意透支信用卡5 000元以上，银行经3个月催收未还，情节严重者，还可能因诈骗罪被追究刑事责任。2012年11月开始，央行新版个人信用报告已经上线，逾期记录留存的时间为5年。此举意味着市民的逾期负面记录不再伴随终身，若能持续5年按时足额还款，可还回信用清白。

16.
学会使用银行自助设备

银行的自助设备包括自动取款机（ATM）、自动存款机、自动存取款机（CRS）、银行自助查询终端、自助缴费机、存折补登机等，客户可通过自助方式在相应的自助设备上完成存款、取款、转账、查询、密码修改、存折补登、缴费、投资理财等功能。

根据中国人民银行要求，银行正在对自助设备进行人民币冠字号打印功能升级，冠字号功能可以记录每一笔存取款业务的冠字号码，作为交易的凭证。随着这一功能的逐步覆盖，大家的假钞顾虑就彻底可以放下了。至于有人担心的自助设备转账错误问题，目前需要先后两次输入账号且号码一致，之后，页面会显示输入账号所对应的账户名，以再次确认转账信息，即使用自助设备完成转账，需要经过三次信息确认。如果客户三次确认都大意忽视转错账，应及时联系银行，以便银行协助追回钱款。

进入银行自助银行服务区有时需要在自动门上刷卡（借记卡或信用卡），但不需要密码；持卡人如遇要求输入密码方可进入时，应及时报警，而不要输入密码。使用前请您仔细阅读自助设备上的使用须知，不同的设备可能有不同的要求。在自助设备上进行存款、取款、转账等交易前，请了解对交易金额（每笔金额、累计金额等）的限制。如果您不能确定银行卡或账户的密码，请选择到柜台上交易。为了防止有人冒用您的卡，银行都会在自助设备上设置密码输入错误的次数限制，密码错误超过规定次数，您的卡片或账户会被临时锁住，需要您及时到柜台上出示本人有效身份证件后才能解锁。在自助设备上交易时，一定要及时将机器中吐出的现金、卡清点收妥。银行为防止客户遗落现金和卡，都会在自助设备上设定时间限制，超过规定时间没有将现金和卡取走，设备会自动收回，您需要与银行联系解决。使用自助设备前，请您仔细观察设备机身或周围是否有可疑张贴物，设备出钞口是否有异物封堵、插卡口是否被安装假的插卡槽、周边是否安装了微型摄像头等盗卡装置，如遇可疑情况，请拨打该设备所属银行的客服电话咨询。目前银行取款机和存取款一体机都已安装密码防窥罩，如遇可疑情况，请及时联系银行网点或拨打银行客服电话反映。

使用自助银行内的自助设备时，应有自我保护意识和相关准备：尽量避免太晚时间进入自助银行，避免进入位置僻静的自助银行；进入自助银行时，要注意观察有没有人不刷自己的卡而尾随您进入；使用自助设备时，要注意观察后面的人有没有站在一米线外的安全位置，还是站在您背后偷窥您的账号、密码；使用自助设备前观察一下自助设备上有无可疑的附加装置；有陌生人跟您说话或干扰您时，尤其要注意先取回卡、现金和交易凭条；尽量使用光线明亮位置的自助设备，以免不法分子在光线昏暗、位置相对隐蔽的自助设备上安装可疑装置，而不易及时发现；一旦有吞钞、吞卡、密码报错等不正常事件发生，不要急于离开自助设备，而应该拨打银行统一的客户服务电话寻求帮助；银行卡背面都印有该银行统一客户服务电话，您可按此电话号码拨打；千万不要向任何来历不明的账户转款；不要把自助银行打印出来的显示有卡号、余额等信息的交易凭条随意丢弃，尤其不要丢在自助设备旁的废纸篓里。持卡人使用银行自助设备过程中遇到不明事项，应及时拨打银行客服电话进行咨询，如果在银行网点营业时间内，可以咨询银行网点大堂经理等工作人员，不要轻易采纳他人意见或根据非正规提示进行操作，以免发生风险。

输入密码前，要注意观察周边环境，防范可疑人员，并留意自助设备上是否有可疑装置，密码键盘是否有改装过的痕迹或被贴上薄膜，待确定环境安全后再进行操作。输入密码时，尽量用手或身体进行遮挡，防止他人窥视。

使用自助设备过程中，请按自助设备屏幕上的提示进行操作，注意用手或身体进行必要的遮挡，防止他人窃取您的信息资料，交易完成后，请及时取回银行卡。如使用过程中观察到可疑人员在旁观望、催促，请立即取回银行卡，避免遗忘在设备里，并检查卡片是否是自己的，防止被人掉包，造成账户资金损失。

自动存款机和自动存取款机提供持卡存款、无卡存款两种服务。持卡存款的步骤为：插卡，输入密码，选择“存款”，放入纸币，核对无误后确认；无卡存款的步骤为：选择无卡存款，输入卡号，确认姓名，放入纸币，核对无误后确认。存款前，应按照银行的提示准备好纸币，确保纸币平整并容易被设备识别。不同银行对于单次存款会有最多张数的限制，应注意银行的相关提示，若超出上限数量，需分多次存款，以免出现吞钞未入账的情况。

自助设备出现不吐钞情况时，可先通过“余额查询”功能确认余额是否减少。若余额未减少，则银行并未扣账。若余额已减少，客户视线尽量不要离开设备，并联系银行营业网点工作人员协调解决；若非营业网点营业时间或是离行式自助设备，可在原地拨打机具管理银行的客服电话进行求助，或拨打银行卡上的客服电话号码。拨打电话时，要避免被不法分子转移注意力，掉包或窃取银行卡。

自助设备吞卡后，请不必惊慌。应在自助设备前耐心等待 3—5 分钟，确认卡片被吞后，可联系营业网点工作人员领卡。若非营业网点营业时间或离行式自助设备，应立即拨打机具管理银行客服电话，询问取卡流程。同时，可拨打发卡银行电话确认账户交易。各家银行均有严格的吞没卡管理机制，若持卡人仍担心银行卡被吞没后的安全，可及时联系客服中心进行处理，并按银行指定时间持本人有效身份证件到自助设备所属管理机构办理领卡手续。过期未领，银行将按照有关规定对被吞卡片进行处理，您须到发卡银行指定营业网点办理补卡手续。

自助设备取款、转账一般均有每日最高金额限制和单笔金额限制。每家银行的规定略有不同，应详细参考各银行公布的取款、转账限额标准，以免未能及时足额提取所需金额或办理转账，影响使用。

自助设备跨行取款、转账手续费由所持银行卡的发卡行规定。多数银行会对跨行取款、转账收取一定的手续费，也有银行提供有条件的免费服务，具体应向发卡银行了解。为避免支出跨行取款、转账手续费，建议尽量通过发卡银行自助设备取款，或在同一银行账户间进行转账。

目前已发现的自助设备诈骗形式有：在 ATM 机上张贴紧急通知或公告，让用户把资金转移到其指定的账户上；将自制读取信息装置放入 ATM 机读卡器内，当取款人将银行卡插入插卡口时，实际上是插入该自制装置，出现“吞卡”假象；利用自制装置在 ATM 机出钞口设障，如用铁片或胶水粘住出钞口，使 ATM 机吐出的钱卡在出钞口内，等持卡人离开后不法分子再将钱取走；直接在 ATM 机上安装微型摄像装置，或利用高倍望远镜在距 ATM 机不远处窥视，窃取客户的银行卡密码；不法分子冒充“好心人”提醒或帮助受害人提款设诈；用内有电路装置且具有记录存储功能的假 ATM 机键盘附在真 ATM 机键盘上，截取持卡人真实信息。目前，诈骗手段又有升级，不法分子将真实银行客户服务电话号码嵌入手机号码，伪装银行客户服务热线骗取客户信用卡信息。建议：如果您接到自称是银行客户服务热线的来电，可挂断电话后，按照您所持有该银行的银行卡上显示的统一客户服务电话回拨确认。

现在，自助设备在银行业务中得到广泛运用，发挥着越来越重要的作用。成为人们日常经济生活中的“全天候服务银行”。更多的自助设备将为百姓生活带来更多的便利和快捷。然而使用银行自助设备时要注意用于自动柜员机取款的银行卡应与身份证件分开存放。银行卡是依靠磁性来储存数据的，存放时应注意远离电视机、收音机等磁场以及避免高温辐射。随身携带时，应和手机等有磁物品分开放置，携带多张银行卡时应放入有间隔层的钱包，以免损坏数据影响在机器上的使用。同时，对于柜员机前的各种银行公告、通知要辨明真伪，必要时，应和银行取得联系，以防止上当受骗。对于自动柜员机吐出的取款凭条，许多用户一般都随手扔掉。这些凭条上有取款卡的卡号、金额等信息，如果被坏人捡到，会影响存款的安全。同时，柜员机凭条作为个人取款的凭证，可以记录家庭开支流水账。如果事后发现取款额与存折登录不符，可以凭此向银行查询。如果发生吞卡，机器吐出的凭条更应妥善保存，上面有吞卡原因代码，有此凭条，银行便能迅速查找吞卡原因，及时将银行卡返还客户。持卡人应定期到银行登录存折或让银行打印对账单，以便及时发现因线路故障、操作失误、电脑记账串户等原因造成的账务差错以及非正常的存款丢失。如果发现账户资金被套取，要及时通过电话、网上银行等快捷方式对银行卡和存折进行临时挂失，并在5日内到银行营业网点办理书面挂失手续，以确保账户资金安全。

中国工商银行在个人自助设备投入方面是很有代表且发展较全面的银行。目前其安装了“触摸屏”的自助设备有：排队机、存取款一体机、查询缴费机、转账汇款机；安装了非触摸式屏幕的设备有：自动取款机、补打发票机、网上银行查看登录设备。在使用工商银行触摸屏自助设备时，您在触摸屏上要选定某一个选项时，要用让手指去“点击”该选项的方法，而不是用“按”的方法。二者的区别是：“点击”的动作是手指触到屏幕后立即抬起，触屏的时间短，大约只有0.1—0.3秒左右；而“按”的动作则是手指触到屏幕后并不马上抬起来，而是持续一段时间并连续向屏幕施加一定的压力，触屏的时间往往是“点击”的几倍、十几倍、甚至是几十倍。当您需要核对输入的内容或查看触摸屏上显示出的清单内容时，要注意，手指不要在距离屏幕3厘米以内的区域移动或指指点点或停留，以免触摸屏误把那些动作当成是您的“确认点击”。

借助工商银行自助设备补登活期存折时，应把存折翻开到需要打印的那一页。怎样确定需要打印哪一页了呢？工商银行的活期存折，每一账务记录页都要打印满10行，若翻错了页，设备就会在错误的页、正确的行的位置上打印。如此，会对我们查看账务记载造成不便，甚至无法查看。因此，当存折记录页已经打印到了最下边、需要我们判断是否应该翻页时，慎重起见我们可以数一数，靠近自己的这一页打印满十行了就翻页，否则哪怕只有一行的空位也不要翻页。同时注意保证需要打印的页面向上、印刷在页面上的“行数编号”在左边“补登存折机”深浅颜色的交界处、“查询缴费机”屏幕的下方都有一个小平台，平台远端的开口是“存折入口”，把翻好了页、定好了方向的存折沿水平方向，向前平推进“存折入口”，一旦推不动就不推了，然后注意听或看设备给出的提示，按提示去做就可以了。

17. POS机套现是怎么回事

使用POS机刷卡套现其实是一种使用信用卡套取现金的方法，是指持卡人通过商户或专门的机构将您的信用卡本身的信用卡额度内的金额全额刷卡刷出来，然后当即向您支付现款，当然商户提供套现服务需要收取1.5%—3%不等的手续费。POS机套现实质上是一种欺骗银行的行为，犯罪嫌疑人擅自将信用卡的消费信贷功能改变为现金贷款，使发卡机构无法判断持卡人的正常资信状况和信用卡资金用途。POS机套现已成为银行卡犯罪金额最高的一种犯罪形式并有逐年递增的趋势。

最早发现POS机具备套现功能的还是使用POS机的商户们。据家住汉阳的商户姜潇财介绍，做信用卡套现这个生意纯属偶然。姜潇财原本就在汉阳开了一家电器商店，也申请了一台POS机。近两年来，陆续有朋友来他的店里借 POS 机进行套现操作。这方面的需求越来越多，而且也没有什么投入，他就增加了几台 POS 机开始干了。姜潇财透露，他的店现在完全交给他妻子经营了，他的主要精力都投入到套现领域，一天到晚开着车为客户提供上门刷卡服务，生意好得不得了，多的时候每天要刷出 30 多万元。信用卡在 POS 机上刷卡原本是方便消费，而信用卡套现相当于在 POS 机上刷卡消费操作，但银行在不知情的情况下往往还鼓励多刷卡，因为每刷一次卡银行有 4‰的手续费收账。姜潇财表示，通过 POS 机套现，不仅不用支付利息，还能获得最长 50 多天的免息期。现在很多人都是把钱套出来，投入到余额宝等理财渠道，赚取更多的收益。

姜潇财也坦言干这一行最怕银行打击。最近他的一个客户的平安银行信用卡，刷卡就非常不顺利，超过 5 000 元就刷卡失败。面对严格的监管，他们又琢磨出逃避的对策组团刷。就是三五个人抱团，注册三个 POS 机互相刷，这样就能避开银行监管，而且也十分方便。姜潇财说，一般而言，无论是向银行还是向银联申请安装 POS 机，都必须提供营业执照、税务登记证、组织机构代码证、银行开户许可证以及法人的身份证等相关证件。不

过，通过黑市只需要花 3 000 元就能申请到 POS 机。

POS 机刷卡套现的普遍，与目前国内银行争相拓展信用卡业务，在程序上对风险控制方面不够重视有关。而且部分银行的普卡，仅需提交身份证复印件和一张名片即可办理。POS 机刷卡套现现象还和信用卡收费密切相关，目前 ATM 机取现额度是信用额度的一半，且要支付 0.5%—3% 不等的手续费及万分之五的日息。而刷卡套现有免息期，对需大量现金又不愿负担利息的人来说，这种选择最划算不过。

从原理上讲，信用卡用户有最高 56 天的免息消费期，持卡人一旦套现，在这段免息期内既能使用银行贷款又不用支付利息。所以说信用卡套现使得持卡人在获得现金的同时规避了银行高额的取现费用，相当于获得一笔无息贷款，极具诱惑力。简单一点讲，信用卡套现，就是通过其他方式来支取信用卡额度内现金的行为。目前，信用卡套现的方式在不断翻新，网络上甚至出现许多网友交流套现心得的论坛和热贴，信用卡的信贷风险被进一步放大，加上不法商户和不法中介的参与，对正常的金融秩序产生不良作用。信用卡套现使信用卡成为个人贷款的便利工具。从目前所报道的大量POS机刷卡套现案例来讲，主要的套现手段如下：

（1）**非法中介或者商户使用POS机帮助持卡人套现**。据有关统计资料显示，进行刷卡服务的中介或者商户主要是众多的冠以科技有限公司和商贸有限公司的空壳公司。其主要的业务就是提供刷卡套现服务。不法分子自己申请POS机或向别人租用POS机，持卡人在POS机上刷卡后，当即将刷卡金额支付给持卡人，并按照套现金额0.8%—2%收取手续费，扣除向银行缴纳的刷卡扣率，从中非法牟利。

（2）**克隆POS机犯罪**。犯罪嫌疑人以虚假身份证申请信用卡及POS机后，通过刷卡购物等手段取得商户POS机刷卡小票，利用上面反映的商户POS机信息，通过某种技术手段将犯罪嫌疑人自带的POS机内参数修改成和商户的信息一样。

这种情况下，犯罪嫌疑人再对上次交易进行撤销或退货操作。

（3）**利用时间差套现**。不法分子利用POS机、银联与银行系统信息传递的几分钟时间差，进行套现。一般与卡主合谋，由卡主到银行柜台将现金存入账号，与此同时犯罪嫌疑人在其他地方用POS机刷卡将钱转出。而后在银行柜台的卡主以填错账号等理由拒绝签名，将钱取回或存入其他账号。而POS机的刷卡交易信息，通常要延迟一两分钟之后才能从银联系统反馈到银行，因此一般不易被银行察觉。

（4）**窃取信用卡信息**。在现实生活中，人们常会到酒店、商场、超市等银行特约商户刷卡消费。而少数收银员利用这个时机，趁持卡人酒后无防范意识或以方便持卡人为由将卡拿离现场，盗取客户的银行卡卡号和密码，然后勾结不法分子造出伪卡进行提款、消费。

（5）**以卡养卡**。个人刷卡套现最长可以有56天的免息期限，非法套现的持卡人往往会申请到许多银行的信用卡，由于信用卡取现要收取较高的费用，并且都有还款期限，因此就通过套现的方式以“此卡”养“彼卡”，即进行循环套现操作。把免息期套出来的现金用作急用，由于信用卡的最高提现额度可以达到 10 万元，因此可以缓解现金流的暂时短缺之急。

（6）**翻倍套现**。部分银行的信用卡有一个分期付款额度，消费可以分期付款，分期付款用的是信用卡的分期额度，对于信用卡内的可用额度不会减少，那么信用卡的持卡人就可以用这些银行卡“消费两次”：先分期付款一次，将分期额度用完，然后直接一次性刷卡将信用卡的可用额度消费完，这样就可以消费分期额度 + 信用卡额度内可用额度的金额了。利用上述的套现方式，就可以很容易套现出分期额度和信用卡卡内额度，从而实现了信用卡翻倍套现！比如：某人的信用卡额度是 1 万元，分期额度是 2 万元，那么它就可以去指定的商场买 3 万元的东西出来，这样就实现了翻倍套现目标。

（7）**空卡套现**。上面提到部分银行的信用卡有分期额度，这些信用卡的分期额度与信用卡本身的额度没有太大的关系，并且这些分期额度可以单独用来购买东西，即便是信用卡内的信用额度用完的情况下，也能用这些分期额度来购买商品，即信用卡内的原额度用完的情况下，还能用分期额度支付，这样就实现了信用卡空卡购物，然后将购买的商品又打折卖给商家，这样就实现了信用卡空卡套现了。

（8）**网购套现**。虚假交易可以说是信用卡套现的最终本质。在淘宝经营着一家网络店铺的袁小姐对记者表示，利用网络支付，套现十分方便。据她介绍，网络套现的方式是双方事先计划好进行一场虚假交易，买家用有网络支付功能的信用卡向支付宝充值，然后购物付款，卖家则在款到之后申请提现，再将钱返还给买家。只要双方确定了交易，整个过程不需要任何手续费，而网站本身很难确定交易的真实性。而在正规的商场购物，如果使用银行卡（包括信用卡和借记卡）支付而发生退货，商场一律只能将退款返还至消费的银行卡，而不会退予现金。

（9）**刷卡购机票套现**。国内不少航空公司规定头等舱只要是在起飞前 24 小时退票，要全额现金退票，但不包含误机状态下改签过的头等舱机票。于是也就有人动起了航空公司的歪念头，在上述两家航空公司当地的自建营业厅刷卡购票并出票，然后按照退票流程来操作即可轻松实现免费套现的愿望。

（10）**购买手机充值卡套现**。持卡人在手机运营商的营业厅刷卡购买充值卡，或者通过现在的绿色营业厅通过手机短信绑定信用卡和手机卡号后即可划账给手机号码，以此先用信用卡额度为手机号码充值，然后带上身份证和手机卡去手机营业厅销号、退款即可。而运营商柜台的现金往往比信用卡的额度多得多。

POS 机刷卡套现的社会危害不能小视。持卡人联合商户通过 POS 机刷卡消费来虚构不真实交易，使得信用卡套现行为却游离在法律的框架之外，违反了国家关于金融业务特许经营的法律规定，背离了人民银行对现金管理的有关规定，为“洗钱”提供了便利条件，这无疑给我国整体金融秩序埋下了不稳定因素。另外，大量不良贷款的形成也将破坏社会的诚信环境，阻碍信用卡行业的健康发展。当然，非法提现对发卡银行的伤害是巨大的。绝大多数的信用卡都是无担保的借贷工具，只要持卡人进行消费，银行就必须要承担还款风险。通常情况下，银行通过高额的透支利息或取现费用来防范透支风险。可是，信用卡套现的行为恰恰规避了银行所设定的高额取现费用，越过了银行的防范门槛。特别是一些贷款中介帮助持卡人伪造身份材料，不断提升信用卡额度，银行的正常业务受到巨大的干扰，也带来了巨大的风险隐患。大量的套现资金还使得持卡人获得了一笔笔无息无担保的个人贷款。而发卡银行根本无法鉴别这些资金的真实用途，信用卡的信用风险形态实际上已经演变为投资或投机的信用风险。一旦持卡人无法偿还套现金额，银行损失的不仅仅是贷款利息，还可能是一大笔的资产。

对于持卡人个人而言，表面上看是持卡人通过套现获得了现款，还节省了利息支出，但实质上，持卡人终究是需要还款的，如果持卡人不能按时还款，就必须负担比透支利息还要高的逾期还款利息，而且可能造成不良的信用记录，以后再向银行借贷资金就会非常困难，甚至还要承担个人信用缺失的法律风险。

最高人民法院和最高人民检察院发布的《关于防范信用卡管理刑事案件具体应用法律若干问题的解释》，其中第 7 条规定，违反国家规定，使用消费终端机具等方法，以虚构交易、虚开价格、现金退货等方式向信用卡持卡人直接支付现金，情节严重的应当依据刑法 225 条的规定以非法经营罪定罪处罚。

18. 注意您的个人不良信用记录

通常所说的不良记录或黑名单指的是银行对个人的信用的不良评价，直接影响个人向银行进行贷款等业务。中国人民银行征信系统的个人信用信息基础数据库具有很强的权威性，但实际上只是作为各家银行信用记录的参考，各家商业银行对信用的具体评判并无统一标准。那么，银行对于消费者个人信用的评价标准是怎样形成的呢？实际上，央行征信中心并没有对个人信用做出评价，更没有信用良好或不良之分，况且央行征信中心所做的只是记录而不是评判。目前所说的不良记录只是银行为了防止信贷风险而做出的判断，各商业银行对个人信用的评判标准是不同的。以下是某商业银行的信用不良记录标准，具有一定的普遍性，可供参考。

存在下列情形之一的，记入不良信用记录：

(1) 持卡人在人民银行个人征信系统或商业银行账户（包括住房贷款、汽车消费贷款、个人消费贷款、信用卡等）目前状态逾期，或最近12个月内出现过一次逾期90天以上不良记录。(2) 通过其他征信渠道获悉持卡人存在下列情况之一者：因违规用卡等行为被列入商业银行、同业、人民银行或征信机构不良客户信息库；存在作为被告的重大诉讼或仲裁及其他法律纠纷；有恶意骗取银行资金行为；正在服刑期间或最近7年内曾有过刑事犯罪记录；持卡人在人民银行征信系统最近12个月内曾经出现过逾期60天以上不良记录。

持卡人在一家银行形成的不良记录或黑名单会有两种途径被所有银行共享，一是各家银行直接共享信用记录；二是征信上报，即银行将客户信用卡恶意透支等信息上报征信局，形成征信系统的个人信用信息基础数据库后供所有银行参考。

银行不良记录可通过各商业银行客服电话进行查询，要查询征信系统信用报告可以携带本人有效身份证件到中国人民银行当地分支机构个人征信管理处，填写人民银行出具的相关查询申请，一般2—3个工作日查询结果就可以出来，递交申请时，工作人员会询问将信用报告邮寄到指定的地址还是本人亲自去拿，您可以根据自己的情况进行选择。

查询可能会产生手续费。

如果是信用卡还贷等问题产生的银行不良记录，可立即向银行客服电话进行咨询，情节轻的只需说明并非恶意，一般可以帮您消除纪录。若情节严重或拖延时间过长银行可能已经上报个人征信系统（信用卡逾期进入不良记录一般为 90 天，超过 90 天就有可能被报送中国人民银行个人信用信息基础数据库）。

按照人民银行关于征信系统的解释，银行因不良记录未予审查通过的发贷事项，申请人可以要求银行告知原因。如果银行没有告知，应咨询人民银行的征信主管机构，要求对个人的征信报告予以调查，更正错误数据，避免为以后涉及银行借贷业务时带来不便。

如果是银行失误造成的不良记录，可以和银行进行协商，银行可以向央行征信系统发出一个修改指令，系统会把这项记录消除。如果银行能提供相关证明属于银行操作错误而对客户造成的不良信用记录，也可以由本人持相关证明到当地人民银行申请消除不良记录。

对提出异议的持卡人申请，中国人民银行分支机构征信管理部门的工作人员当日将异议申请通过网络送至征信中心。征信中心将完成异议信息的确认工作，如果确实存在异议信息，征信中心会在个人信用报告中对异议信息予以标注，并立即将异议信息发送到相关业务数据报送机构进行协查。异议信息经核查确实有错误的，有如下两种处理办法：一是业务数据报送机构向征信中心报送更正信息数据，征信中心在两个工作日内对异议信息进行更正。二是因技术原因数据暂时无法更正的，征信中心会对该异议信息做出有别于其他异议信息的特殊标注。异议信息经更正修改后，会通知个人领取异议回复函。

有很多信用卡用户表示，由于诸多原因，在信用卡还款日忘记还款，造成信用卡不良记录产生，这不仅影响个人信用，而且还影响以后向银行贷款需求。如果想消除信用卡不良记录，还有一种方式就是根据信用记录的刷新覆盖制度来消除负面记录及其影响，由于信用卡记录基本只显示最近 24 个月的记录，以往的记录难以查询，所以当出现了信用卡负面记录时，千万不要销卡。只要在接下来的两年中按时还款，不再出现新的不良记录的话，原有的负面信用记录就会被覆盖，重新形成良好的信用记录，这样就不会对信贷行为产生不良的影响。银行一般较注重近两年的征信情况，但查询一样可以查到全部的记录，多年前有严重逾期的，银行也会很在意。

目前征信报告记录的保存，在我国没有规定期限，也就是说，会一直有，不会清除。如果征信记录确实出现错误，需要法院出判决书，凭法院判决书可以到当地人民银行要求更正。至于逾期记录，除非逾期类别是正常逾期，否则信用卡银行出具还款证明是毫无意义的。征信报告的意义在于显示该人过往的信用状况，即使已还清，也不能改变过去逾期的事实。向银行申请贷款时，银行会查询申请人全部的征信记录，十年前的也可以查到，不存在“看不到那笔不良记录”这回事。如果您有逾期记录，您一定不能还完信用卡的欠款就立即销户，因为这样您的逾期记录就一直保存在那里了。最好的办法是在接下来的12—24个月内每月消费至少一定金额，并每月把欠款还清，这样来覆盖原来的逾期记录并还原到正常状态。

正确使用信用卡，及时全额还贷，可以提高您的信用记录和信用额度。要保持良好的信用在于平时的注意。即使出现了不良信用记录，也不要紧张，按照正确的方法去做就可以消除，不会影响到未来的信用贷款。假如是平常忽略粗心忘却还款，那发觉过期后，定然要尽快还款，最好是全额还款。有些人非但没有还款，还经过改换地点和手机联络号码形式来“跑路”，那就会每月都发生一次过期未还款的记录，也就是每月会被记一次没有良好信誉的黑账。

19.

卡里的钱不翼而飞

银行卡在手里，密码也没泄露，卡里的钱却无故被刷掉了1万余元。天津的王先生既郁闷又气愤，他断定肯定是有人复制了他的银行卡盗刷。而且那张卡是芯片卡，里面有近15 000元，是专门拿来还房贷和信用卡的。据王先生回忆，2015年3月25日晚8点左右，他接到一个来自北京的电话，对方自称是某网络消费平台客服，详细地说出了王先生的姓名及银行卡末尾4位数字，并称他有两笔都是1 000元的消费，提醒若不是本人操作，就输入身份证信息核实。王先生一听就觉得是诈骗电话。他偶尔网购都是选择货到付款，且对方所说的网络消费平台他并没有注册，因此没有理会对方。1个多小时后，王先生又接到了来自福建的电话。对方说她是另一网购平台的客服，表示王有一笔

400 元的消费，若不是本人操作，也要输身份证信息核实。接连两次接到类似电话，王先生感到很诧异，但仍觉得是诈骗电话，还表示会报警。没想到对方听到后让王先生赶紧报警。王先生更疑惑了，他赶紧联系银行客服挂失了银行卡并报了警。当晚查询手机银行，王先生发现自己卡里的钱被刷了 11 205 元。王先生出示的消费记录显示，他的银行卡当天有 21 笔交易，多数为网络支付，最高一笔消费为 5 600 元。白天在上班，晚上呆在家里，银行卡就在王先生的包内，密码也没泄露，卡里的钱到底去哪儿了？王先生回忆起一周前，他在 ATM 机上往这张银行卡里存钱，这是他最近一次使用该卡。难道是存钱时卡被偷拍后复制了？王先生赶紧联系了银行工作人员，对方表示，可能是他在手机上安装了不安全的软件所致，工作人员称将在一周后回复。

中国银行株州分行曾陆续接到十余名储户反映，说自己信用卡上的钱无缘无故地消失了。夏某就是其中的一个。他银行卡的账面上本来还剩下 16 000 多元，但当他再次去取钱的时候，银行工作人员告诉他账面上只剩 98 元。钱没了，而银行卡并没有遗失，密码也没有告诉过外人，唯一的疑点是这些储户最近都曾在这家中国银行株洲市分行设在建设南路的自动取款机上取过款。在对这台自动柜员机进行监控的过程中警方注意到了一个奇怪的现象，同一名男子多次在自动柜员机旁，捡拾储户取款以后丢弃的银行回单。两天后，公安干警将犯罪嫌疑人徐正国当场抓捕。在株洲，徐正国挑选了建设南路的这台自动柜员机作为目标，在购买作案工具后，为了弄到密码，他最初是在银行柜台旁用肉眼偷看，一段时间后他感觉风险太大，便买来了一个高倍望远镜，但效果仍不理想。后来经人介绍，他从广州弄到了一整套电视监控设备和手动放像机，开始运用科技手段进行盗窃。在租下了柜员机对面的房间后，他便将电视监控设备安装好，对柜员机进行 24 小时全天候的监控，储户在自动柜员机上输入的银行卡密码尽收眼底。而后，只要将监控显示的时间与拣回的银行回单上的时间相对应，便可获得储户银行卡的完整资料。半年前，徐正国花 2 万元钱找人在几天内就学会了制作仿真度极高的银行卡的技术，在购买了手提电脑、银行卡读写器等作案的硬件之后，用这些设备克隆出的银行卡就可以从取款机里盗出原储户卡里的钱。徐正国先用假身份证去银行办了银联卡，然后就通过捡别人的银行回单和偷窥别人的密码来盗用别人的存款。为了减少自己的风险，徐正国还专门花高价雇人为他捡拾储户丢弃的银行回单，如前面提到的那个男子。

不法分子在自动取款机上暗藏的陷阱还不止银行凭条。不少人在取款过程中，都遇到过吞卡的经历，大家的第一反应都是机器出了故障。但谁也没想到，这正是不法分子下的手脚。今年 4 月 9 日，当钟先生把银行卡插入取款机时，屏幕上显示系统维护，无法操作，钟先生的信用卡被卡在了机器里，这时一名穿着讲究的男子走了过来告诉他可以打取款机上贴着的客户服务电话请求帮助。钟先生就按照他的指点打了电话，对方告诉他重新输入一遍密码，之后仍然没有把卡取出。钟先生在电话中被告知卡已被挂失，明天去银行取就可以了。无奈的钟先生只得离开取款机回家。当钟先生第二天早上去银行取卡时，被银行告知并没有他的卡，而且卡里的钱已经全部被别人取走了。通过银行的监控录像，钟先生吃惊的发现就是那个帮他打银行客服电话的好心人把一个什么东西塞进了提款机的插卡口内，另一个人把印有银行客服电话的纸条贴在了提款机上。实际上这个电话号码是提款机对面公用电话的号码。当取款人把银行卡放入插卡口后，由于有障碍物阻挡，银行卡无法被识别，提款机的屏幕上显示操作错误，而此时卡也被卡在插卡口内。就在此时，“好心人”及时出现并诱使事主相信贴在提款机上的号码是真的客服电话，并且让其拨打。而接下来的行动是他与对面电话亭里的人协作完成的。此时守候在银行提款机旁边的人已把事主的密码记录下来。等事主走远以后，骗子便把提款机里的银行卡取出来，再把卡里的钱全部取走。

王先生家住福州市区，他到单位附近的一个自动提款机取了200元钱，但是银行储蓄卡并没有从自动提款机吐出来，王先生以为只是提款机正常的机器故障，并没有在意。谁知第二天到银行查询时才发现，银行卡上1万元的现金已经不翼而飞。王先生立即向辖区警方报了警。经警方询问和事主回忆，在提款机侧面有一个不寻常的“探头”对着他们按密码的键盘。原来，这个神秘的探头就是犯罪嫌疑人安放的一个微型摄像机，通过他们对自动取款机的入卡口安装一个吃卡的工具，当事主取完钱后，银行卡就滞留在了提款机内，而在角落的摄像机也就记录了事主的密码。事主离开以后，他们就取出滞留在卡口内的银行卡，并收回摄像机窥看密码，从而达到盗取卡内存款的目的。

今年20岁的郝晴是个时尚女孩，最期盼的是自己创业做老板，但缺乏本金一直让她苦恼。日前，郝晴在上网时无意中看到一则网络P2P小额贷款公司的广告，广告在网页醒目的位置写着“想创业、缺本钱，贷款无抵押无担保，马上放款！”郝晴详细浏览了该网页，发现里头为不同客户提供了具体的融资方案。看完网站介绍后，郝晴立刻按照网上所留下的电话号码联系了该网贷公司。接电话的是一个男人，自称姓李，是该公司的客户经理。当郝晴跟李经理表明自己想要贷款30万元时，李经理回复说可以，不过得按公司有关规定走流程。公司的贷款业务虽然无需抵押和担保，但需要检验一下客户的还款能力，以及在银行是否有不良信贷记录，所以需要郝晴通过QQ提供本人照片、身份证等信息资料，并准备一张银行卡，卡里需有2万元现金，同时还得提供这张卡的正反面照片。听了对方的要求后，郝晴没多想就答应下来。随后，李经理又提出，郝晴提供的验资银行卡必须把预留给银行的联系电话号码，改为贷款公司指定的手机号码，以便公司实时了解账户里的资金变动情况。听到这里，郝晴有些犹豫，不过想到银行卡在自己手里，密码也不曾透露给对方，应该不会有问题，也就按照对方要求，准备了一张有 2.9 万元存款的银行卡，并改掉了留给银行的手机号码。李经理通过 QQ 收到相关信息后，便称一旦通过审核，贷款会打入郝晴提供的银行卡内。可郝晴等了两天，没等来李经理承诺的所谓贷款，自己卡里原有的近 3 万元现金却不翼而飞了。郝晴急忙跑去银行查询，才知道自己的卡在两天前绑定一个陌生的支付宝账号，之后通过快捷支付的方式，在网上转账购物消费。听到这个消息，郝晴两眼发黑，一时没了主张，只好在家人的陪伴下前往公安机关报案。

银行卡始终带在身上，卡内的 2 万元钱却不见了，在东莞打工的李女士说起这事觉得挺郁闷。2014 年 11 月 3 日，李女士到当地一银行取款时发现卡内 2 万元钱不翼而飞。经银行工作人员查询，李女士的银行卡在 11 月 1 日分三次刷了 2 万元。银行卡一直带在身边，密码也只有自己知道，这是怎么回事？李女士向东莞属地派出所报了案。在派出所，李女士回想起了10月中旬发生的一桩怪事。当天上午，李女士在东莞一家超市门口看到一年轻男子在卖便宜大米，只要18元一袋。李女士掏出一张面额为50元的人民币，卖米男子称没有零钱可找，但表示有POS机可以刷卡。李女士觉得刷卡更为方便，就掏出银行卡刷了一下。民警分析，极有可能就是这次刷卡，李女士的银行卡信息被复制了。当时李女士通过POS机刷卡消费时，男子通过银行卡复制器收集了银行卡的信息。同时在李女士输入密码时，对方也偷偷地记下了密码。这名“盗刷”银行卡的犯罪嫌疑人叫李志军，因涉嫌信用卡诈骗罪，经东莞人民检察院审查被批准逮捕。

荆先生在滁州定远县一家盐业公司上班，2014年6月20日，正在上班的荆先生突然接到4条手机短信，内容显示其银行卡消费4笔，每笔5 000元。荆先生通过查询得知，4笔钱都是在江苏南京一家电器店支出。人在定远，卡在手中，钱是被谁支付走呢？于是，荆先生向定远县公安局报了案。经过一个多月的侦查，8月3日，犯罪嫌疑人满家怀被定远县公安局刑事拘留。满家怀走向盗刷银行卡的道路，起初只是为了手机充值。满家怀盗刷银行卡的第一步，便是获取他人的身份证信息和银行卡卡号。通过网络搜索“身份证号码”，满家怀便可以轻松获取大量身份证信息，包括对方的身份证号、姓名、住址等信息。把这些信息复制下来后，满家怀便登录一家保险公司网站，如果此身份证号在该保险公司买过保险，输入身份证信息后便会显示出银行卡号。满家怀的第二步便是拨打银行的服务电话，根据语音提示输入银行卡卡号，为手机进行充值。密码有的是根据生日进行排列，有的是123456或者6个1这样的弱密码。一张卡只有三次机会，输错了就换下一个账号。满家怀供述，尽管带有一定的碰运气成分，但他还是收获颇丰。2014年底，满家怀有了进一步发现，可以通过盗刷银行卡进行网上购物或信用卡还款。满家怀的第一步还是通过网络获取他人的身份证信息和银行卡号，第二步同样是拨打银行的服务电话，与以往不同的是，满家怀根据语音提示申请银行卡挂失，当要求输入密码时，便用生日、123456等“弱密码”进行轮番尝试。满家怀供述称，如破译出密码，他便使用被害人的身份证信息、银行卡号、密码等，在银行的网站注册开通网银，“网页上就会显示让我留下手机号码”。最后通过一些软件将银行卡与手机绑定，便可进行网上购物、还信用卡。通过盗刷银行卡，满家怀购买了手机、手表、黄金和笔记本电脑。涉案金额近 13 万余元。

小曹因资金周转问题想办理一张大额度的信用卡，但从银行办理大额信用卡需提供有还款能力的证明材料。2014 年 5 月，网上一个代办信用卡的帖子让小曹眼前一亮。帖子上说，办理一张 20 万元人民币额度的信用卡只收取 2 000 元手续费，申请人只需提供个人身份证复印件一份，在当地农业银行办理一张普通的银行卡就可以了。小曹联系发帖人，对方称他们通过银行内部人士办理，具体的办理方法不便透露，2 000 元手续费办好卡后再付，小曹按要求办张农业银行的普通银行卡并存上百分之十的验证资金就可以了。一开始小曹还心存疑虑，但发帖者说银行卡的密码由小曹自己设置，他们只需要卡号和身份证信息，这让小曹打消了疑虑。小曹按要求办理了相关手续。两天后，发帖人电话告知小曹，需要他将银行卡的联系方式改成对方的手机号才能操作，小曹照办了。一星期后，发帖人再次打来电话，说 20 万元信用额度的信用卡没有了，只有 30 万元额度的，要想办，得再打 1 万元。此时，小曹才意识到被骗了，立即赶到银行查询，卡里的钱已不翼而飞。实施诈骗的人叫刘宝亮，是湖南省双峰县的一个农民。刘某成功诈骗小曹的关键在于银行卡上预留的手机号。小曹将银行卡的联系电话改成刘宝亮提供的手机号后，刘宝亮凭借小曹提供的银行卡号和自己的手机号回复了验证信息，开通了快捷支付；然后他用小曹的身份证注册了支付宝，用支付宝进行“交易”，通过这种手段把小曹卡里的钱转到自己的银行卡里，最后通过ATM机把钱取出来。

张先生做家具定制生意，近几年生意越做越大，也学着别人开了一家网上旗舰店，双十一期间生意特别好。前几天，有个人到店里说家里要装修定制家具。聊着聊着，那个买家突然说，他在外面，手机流量有限发不了那么多图，于是让张先生扫描一个二维码，下载后可以看到他想要的家具的图片和尺寸。张先生讲，现在都流行扫一下二维码，我之前扫描过，很方便，就拿手机扫了一下。但是扫描后，啥又没看到。后来张又和买家沟通，买家说先付些订金，并向张先生要了姓名、身份证、银行卡、手机号等信息，说晚上回到家再汇款就下线了。晚上，张先生登录网银，看看买家的订金到账没有，却震惊地发现银行卡内少了好几万。张先生马上意识到自己银行卡内的资金被盗了，赶紧冻结了银行卡并向警方报案。

安全提醒：千万不要轻易向他人泄露个人的姓名、居民身份证号码、手机号、银行卡号等重要信息；使用安全的二维码扫描工具，不要随意扫描非官方的二维码或安装不明手机程序；安装手机安全管理软件，保证手机安全。若您已经遇到此类情况，请在第一时间冻结银行卡，保证资金安全，并及时向警方报案寻求帮助。

20. 麻烦的验证服务

信用卡安全码，是信用卡在进行网络或电话交易时的一个安全代码。它通常是印刷在信用卡上面的 3 位或 4 位数字，不同类别的卡印刷位置会有所不同。它通常被用于证实付款人在交易时是拥有该信用卡的，从而防止信用卡欺诈。目前使用安全码支付的基本都是国际信用卡组织发放的信用卡（如 VISA 或 MasterCard 卡）。但在国内的部分商业银行所提供的网上银行或电话银行交易结算中也开始要求验证银联信用卡的安全码。特别是网络交易和信用卡销户。国内一些大牌购物网站或国际化的软件中心在认购商品或程序时的支付方式也向国际看齐，以信用卡的安全码和有效期作为重要的验证手段。不少航空网站在用信用卡认购机票时也需要填写信用卡有效期和安全码才能成功购票。信用卡安全码的生成方法是银行将卡片账号、有效期、服务代码提取出来，排列后再经过一系列复杂的算法算出来的。这组数字在生成之后，就只有发卡银行和银行卡的持有者知道该数字是多少。

银联卡（China UnionPay）的安全码叫作CVN2（Card Validation Number 2），有3位数字，平印在信用卡背面签名栏上卡号后4位数之后。

VISA卡的安全码叫做作CVV2（Card Verification Value 2），有3位数字，平印在信用卡背面签名栏上卡号后4位处。

万事达（MasterCard）卡的安全码叫作CVC2（Card Validation Code 2），有3位数字，平印在信用卡背面签名栏上卡号后4位处。

发现卡（Discover Card）的安全码叫作Card member ID，有3位数字，平印在信用卡背面签名栏上。

运通卡（American Express）的安全码叫作CID（Card Identification Number），有4位数字，平印在信用卡正面信用卡卡号上方。

JCB卡（Japan Credit Bureau）的安全码叫作CAV2（Card Authentication Value 2），有3位数字，平印在信用卡背面签名栏上卡号后4位处。

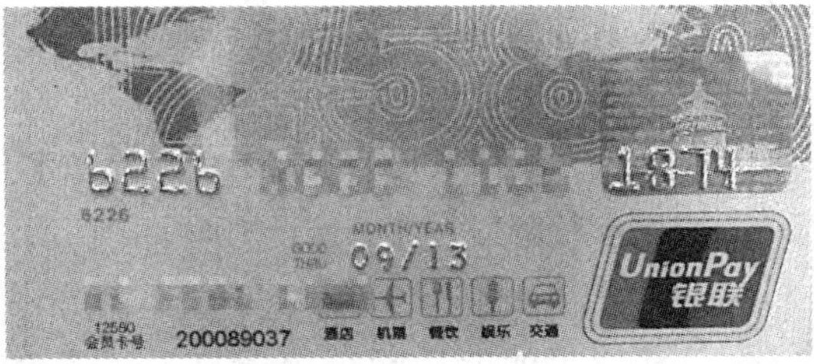

信用卡安全码就相当于信用卡的身份证，我们可以凭此码进行消费交易。通常在境外网站购物是不需要密码的，只要买方提供账号和安全码即可完成交易，而在国内也有商家与银行签约，可无须信用卡密码，仅凭安全码就可完成电话划账。所以大家一定要保管好自己的信用卡，消费时不要让信用卡离开自己的视线，以避免别人记住您信用卡的账号及安全码。

CVV 密码校验是指商业银行在其使用的银行卡号编码规则和磁条数据格式中加入自定义算法的验证码，相关银行卡也就被称为 CVN 银行卡。CVV 信息被存储在磁条银行卡的磁道中，根据卡号、磁道主账号、发卡银行标志代码等信息，通过各银行自定义的特殊加密算法进行加密，每步都采用 CVKA 技术加密，得到验证码。由于不同银行的加密算法有差异，因此，利用获得的银行卡信息非法制作的部分假卡在发卡行解密时能够被识别而无法使用。

信用卡安全码和 CVV 代码一样，都是同样算法得出的卡片验证值，只不过是在卡片生成的时候，CVV 代码写进了磁条里，而信用卡安全码写在了卡身上。CVV 代码在联机交易（刷卡）的时候核对，信用卡安全码则更多地在非现场交易或无卡交易时核对。

VISA 验证服务是一项持卡人身份识别验证服务，简称 VBV。在进行网上交易时 VISA 验证服务会提示持卡人输入个人身份识别密码以进行身份认证，如同持卡人在商户刷卡提供密码或签名一样。其简便易行的特点使持卡人在线支付过程中确保了其身份的真实性，从而进一步保障网络交易的支付安全。VISA 验证服务最大的吸引力在于它可以令所有在支付链上的关联人士受惠，因为这项服务将提高消费者对网上购物的信心，为那些抗拒网上购物的消费者提供安全保障的支付平台。VISA 验证服务采用的是全球互通付款的 3D 安全技术，持卡人需先完成简单的注册手续，取得个人密码之后，在所有参与 VISA 验证服务的网络特约商户处购物时，计算机系统便会主动要求输入该持卡人密码，如核对密码无误，发卡银行才会授权进行在线交易，过程仅需几秒钟。与此同时，持卡人个人数据在传输过程中，也将受到严密的保护，有效遏止信用卡在网络被盗刷的风险，对持卡人、特约商户及发卡银行来说，都是皆大欢喜的事情。

MasterCard Secure Code 与 VISA 验证服务类似，简称 Secure Code。当您开通 Secure Code 服务时，经过必要的身份验证后，可自行设定特殊的个人信息和专用于 Secure Code 服务的验证密码；这些个人信息用来确认购物网站的合法性，避免您误入恶意网站伪造的交易画面，骗取您的信用卡信息。验证密码服务仅适用于支持 Secure Code 服务的网上支付交易。忘记验证密码请登录网上银行重新设置或致电卡片背面所示客服热线咨询。若您交易时验证密码输错3次以上，该服务将会被锁定，您将无法使用信用卡功能，最好的办法是您可致电卡片背面所示客服热线解除锁定。

申请VISA或MasterCard验证服务的过程非常便捷，只需要登录发卡银行网上银行相关业务界面的注册网页，设定一组“VISA验证”或者“MasterCard验证”服务密码并启动服务即可；启动服务后，在持卡人与“VISA验证”服务或者“MasterCard验证”服务的特约商户进行网上交易时，将自动受此服务的保护；购物后正确输入您的个人密码后，VISA卡或者MasterCard卡的发卡银行将会验证您的密码即可完成相关交易手续。目前提供VISA或MasterCard验证服务的国内银行主要有工商银行、建设银行、中国银行、农业银行、交通银行、招商银行、光大银行、民生银行、中信银行和兴业银行。

进行境外网上支付时，持卡人在带有“VERIFIED by VISA”、“MasterCard Secure Code”标识的特约商户网站购物结算；选定商品后，进入支付页面，选择VISA或MasterCard卡进行网上支付；按照网页提示输入贷记卡持卡人相关信息；信息通过验证后，浏览器将支付界面引导至发卡银行网上支付验证服务页面；持卡人确认网页显示的个性化提示语与注册时自行设置的是否一致。如不一致，该商户可能是未经银行授权或伪冒的钓鱼网站，持卡人应终止网上支付；核对个性化提示语无误，持卡人输入网上支付密码、卡片有效期、卡片背面3位验证码，同时使用发卡银行提供的U盾或类似保护器。点击确定后，弹出个人网银证书对话框，选择证书并输入证书密码；信息输入后通过验证，网站提示支付成功，购物交易完成。同时持卡人收到信用卡交易短信通知。

VERIFIED by VISA

MasterCard. SecureCode.

提示：验证服务仅适用于部分国内银行发行的VISA或MasterCard双币信用卡；持卡人须妥善保管好网上支付密码及个性化提示语；个性化提示语用于验证购物网站是否为经银行授权的网站，以避免持卡人在伪冒网站上输入信用卡资料而造成资料泄露；如果持卡人忘记网上支付密码，可以登录验证服务系统，通过填写密码提示问题找回密码，或重新注册。

21. 芯片卡并非安全卡

目前国内银行所发行的信用卡和借记卡，大部分还是磁条卡。传统银行卡的磁条技术相对简单，磁条信息易被复制，通过使用磁条信息盗录装置复制银行卡磁条信息，再通过针孔摄像机在自助机终端上偷录持卡人密码就可伪造出相同功能的磁条银行卡，从而盗刷持卡人的卡内资金。最近几年，卡拿手中却在异地被盗刷的事件时有发生。

银行芯片卡也称作金融 IC 卡，是以芯片作为介质的银行卡。它在卡片正面嵌入了一小块金色的智能芯片。这块芯片实现了硬件升级。完善的密钥体系、脱机认证、联机双向认证，和传统的磁条卡相比，保障了卡片的防伪性及交易的安全性。银行芯片卡的好处在于其安全性，通过芯片存储密钥、数字证书、指纹等信息，可大大降低伪卡欺诈率。

通俗的讲，芯片卡的芯片里嵌入了一个证书，每个交易都要通过这个证书才能完成，大大提高了卡被复制、盗刷的难度，从而提高了用卡安全性。同时，芯片卡的序列号是唯一的，制造厂家在产品出厂前已将此序列号固化，不可再更改。芯片卡与读写器之间采用双向验证机制，即读写器验证 IC 卡的合法性同时 IC 卡也验证读写器的合法性。芯片卡在处理前要与读写器进行三次相互认证，而且在通讯过程中所有的数据都加密。芯片卡中各个扇区都有自己的操作密码和访问条件，即使某个扇区出现密码泄露的问题，其他扇区的数据安全仍然是有保证的。

从制作工艺和使用特征来看，芯片卡与读写器之间无机械接触，避免了接触读写而产生的粗暴插卡、非卡外物插入、灰尘或油污导致接触不良而造成的设备故障。芯片卡表面无裸露的芯片，无须担心芯片脱落、静电击穿、弯曲损坏问题，既便于卡片的印刷，又提高了卡片的制作精度。

芯片卡最大的优势就是不能被复制。芯片卡技术含量高、难以被模仿和复制的特质，彻底颠覆了传统磁条卡安全系数低、扩展性差的劣势。高度的安全性使芯片卡具有“三能”：能够有效防止复制卡片、能够支持脱机交易方式、能够支持安全脱机

PIN 校验。在外观上面，芯片卡比普通卡更具时尚特征，不久的将来还可以将其制作成钥匙扣、SIM、TF、USBKEY 不同形状，并可以装在手机、上网本中使用。芯片卡除了具备结算、投资理财以及各种日常金融服务外，还具有综合账户、一卡多能，同时全面整合了电子银行服务的功能。

目前境外很多国家都已经全面使用芯片卡了，而我国目前银行发行最多的基本是磁条芯片复合卡，纯粹的芯片卡数量并不大。持卡人使用的是磁条芯片复合卡时，必须先使用芯片途径刷卡，若机具不支持，再考虑使用磁条刷卡。

Quick 闪付Pass

芯片卡最时尚的部分莫过于提供银联的闪付业务。银联闪付业务（Quick Pass）是一种新兴的支付方式，它是一种非接触式支付技术的应用，具备小额快速支付的特点，特别适合年轻时尚一族的支付习惯。“闪付”是芯片卡特有的功能。持卡人只需将卡片与 POS 机指定部位隔空接触就可以进行交易，实现快速支付。由于不需要凭密码交易，也无需持卡人签字确认。其实，为持卡人提供闪付功能的是芯片卡中的电子现金账户，在银行柜面及自助终端设备上，持卡人可将信用卡额度内的一部分圈存进入该账户，出于安全性考虑，一般限额为1 000元。目前支持“闪付”功能的商户多为超市、便利店、百货、快餐连锁等零售场所。但从适用领域看并没有具体的限制，打考勤、加油、交水电费用、交物管费用等等，这些服务都可以用芯片卡实现，还可以根据需要随时改变服务内容，芯片卡强大的扩展性和多应用性，能够支持金融应用和行业应用。行业应用指的是利用芯片介质的多应用性，由发卡银行单独或者与其他合作机构联合开发的为持卡人提供的非金融服务功能，即：可以同时支持多个不同行业的应用，做到一卡通天下；可以根据需要随时增减应用；不同行业的应用在卡片中独立存在，互不干扰。如银医一卡通、校园一卡通、社保联名卡、公积金联名卡。

闪付功能的开通和使用过程大体如下：首先，需要到银行办理一张带有闪付功能的信用卡。闪付logo（Quick Pass）一般在卡片的右上角。想要通过闪付方式支付，必须先进行圈存操作，即把账户金额存入虚拟的电子钱包。圈存的渠道有：去银行柜面办理、找自助圈存机、使用银联迷您付在家进行圈存。然后，在支持闪付功能的商家，通过闪付方式支付，即不用刷卡，直接通过商家输入消费金额，扣除电子钱包中的余额，完全不需要进行输入密码和签字的传统方式结账。

提醒大家的是，VISA 组织推出的 Visa payWave 同样是一种方便快捷的非接触式支付方式，基于安全的 EMV 芯片技术。Visa payWave 还支持异型卡和非卡片形式的设备，如手机、钥匙扣以及其他个人电子设备。支持 Visa payWave 的银行卡会在芯片周围加入一圈天线。付款时，持卡人无须刷卡或者插卡，小额交易甚至无须签字或输入密码，只需将卡轻松一挥，几秒钟就可完成支付。Visa payWave 还能将智能手机变为支付工具，只要是使用者的手机安装有开卡银行提供的支持 Visa payWave 支付的安卓手机应用软件，使用者只需在感应器前简单挥动智能手机便可完成交易。在兼容性方面，Visa payWave 与全球银行所采用的全球 EMV 智能卡规范完全兼容。卡片和读卡器之间使用 ISO 14443 标准接口，可以支持近距离通信（NFC）以支持手机或 PDA 之类的个人电子设备。Visa 非接触支付终端或读卡器无需做任何更改即可接受拥有 Visa 非接触功能的手机进行付款。

MasterCard 组织也有 pay pass 类似方便快捷的非接触式支付方式，基于安全的 EMV 芯片技术，并且支持圈存和圈提。

在享受芯片卡带来诸多好处的同时，也要清醒地认识到迟早有一天它会暴露出安全问题。微软操作系统的发展过程证明了一个道理：再强大的操作系统同样会被人找到漏洞。芯片卡并非绝对安全。2014 年 6 月，家住福州市区的李先生反映其两年前在福州一家银行台江支行办了一张所谓的芯片卡。银行工作人员告知芯片卡与传统磁条卡不同，安全性更高。但没想到，芯片卡如今也遇险。原来，6 月 4 日下午，他到银行存了 4 万元，当天夜里 11 点多的时候，突然收到刷卡信息，第一笔是 1 万元，紧接着第二笔、第三笔……短短数分钟之内，李先生卡内的 4 万元钱就全部被转走了，只剩下了一个零头。而当时，储蓄卡正在他的身上。李先生赶紧报了警并在 6 月 5 日来到台江支行，希望银行能够解释原因，并将被盗刷的钱退还给他。但银行方面声明，如果要求赔偿，李先生只能起诉银行。为何声称非常安全的芯片卡也会被盗刷？银行专业人员表示，芯片卡分为纯芯片卡和磁条芯片复合卡两种。如果被盗刷，很可能是磁条芯片复合卡出了问题，这种卡还是有磁条卡的特性的，安全性不如纯芯片卡。目前被盗刷的情况有多种，需要具体情况具体分析，但具体是哪一方的问题，需要警方的调查，如果客户要求赔偿，确实需要走法律途径，然后根据法院的判决，进行具体的赔偿。

22. 住酒店需要预授权

信用卡预授权是指发卡机构或其代理机构在特约商户扣款前，确认许可冻结额度的交易。简单讲，信用卡预授权就是商户在持卡人消费前先冻结一部分资金，在消费完以后持卡人签字，商户才能正式扣掉这部分资金。比如您去住酒店，先告诉酒店您要住几天，酒店会把住这几天需要的费用从您信用卡里冻结了，在您结账离开酒店的时候确认消费金额后，酒店就会用您的卡片做预授权完成，这样就从您的卡里把实际消费金额扣除，酒店就收到这部分款项了。之所以这样做，是为了保证持卡人信用卡里面的钱够当前消费使用。预授权会占用卡片的信用额度，当客户对预授权进行结算时，该预授权将会被取消。预授权发生 30 天内，若客户没有进行结算，则该预授权将会被取消。

预授权的好处在于可能尽量避免跑单现象的出现。如果持卡人做完预授权后没有买单就离开酒店，酒店可以向银联提出预授权完成的申请并提供持卡人消费单据和预授权单据。这样银联就可以从跑单持卡人的卡里把钱划入酒店账户。

信用卡预授权是一种新型的交易方式。通俗来讲，就是一种预付款方式，也可以理解为一种“押金”。当消费者持信用卡订酒店或订机票时，银行会先冻结信用卡里一部分资金，作为商户消费的“押金”，在完成消费后，经持卡人签字确认即预授权确认，商户才能正式扣掉这部分资金。

使用预授权时应注意：预授权额度一般不超过卡片可用额度的上限，也就是说您的可用额度只有

2 000元时，酒店需要的押金是2 100 元，也是不能使用预授权的，哪怕最后实际消费只有 1 900 元；同时，在未做预授权完成确认交易时，商户是无法向银行请款的，因此不会产生手续费用和利息。

假期旅游期间，小黄在入住酒店时，使用了信用卡 3 000 元额度预授权，离开酒店时已经结算，但是直到后来他才发现，信用卡的信用额度并没有恢复。而额度没有恢复的原因，正是小黄在使用信用卡预授权结算后没有及时取消所致。使用信用卡预授权功能虽然方便，但像小黄一样，很多网友却忽略了信用卡预授权会占用信用额度，应在结算后及时取消的问题。建议大家在结账时一定要记得要求商户直接取消预授权。只有这样，信用额度才能立即恢复，最好的办法是拨打发卡银行客服电话进行查询核实。若您和小黄一样没有及时取消预授权，银行一般会在一个月之后自动取消被冻结的额度。也就是说在这一个月的时间里，您的信用卡相当于被降额了。

经常出差旅行的孙小姐是个经常接触“预授权”的“空中飞人”，在入住酒店时先将信用卡给前台刷一下，然后签字登记入住，退房的时候再刷卡取消授权或进行付款对孙小姐来说早已不是什么新鲜事。但对于这项先刷卡后付款的业务，孙小姐心中仍有不少疑问："前两天同事问我使用预授权刷卡后再用现金支付房款会不会造成重复消费的问题，我就不知道怎么回答？"其实，酒店要求预授权的金额通常是所有房费金额，酒店多会在顾客退房时进行"预授权完成"交易，从预授权额度里，扣除实际消费金额，此时刷卡的金额，才是真正向酒店支付的费用，酒店在此时也才真正收到这部分款项。但如果持卡人最终以现金结算全部房费，则一定要记得要求酒店取消此前的相关预授权。

通常来说，即便是不主动进行预授权撤销，银行也会在一定期限后自动取消预授权，预授权也不等于直接支付。但需要指出的是，预授权交易的风险相比直接刷卡消费的风险而言其实并无二致。比如，在酒店或机票代理点因房间或机票紧张而要求持卡人做信用卡担保后，如果客户需要取消订单，但没有在商户规定的时间之前进行处理，则商户仍可按照约定按相应比例的房费或机票票款划走款项，而银行也不会进行拒付。同时，在持卡人退宿但酒店本身还没有为其撤销预授权的情况下，也不能排除商户以事后发现物损等理由从冻结额度中进行扣款。因而为了避免产生不必要的损失或纠纷，建议持卡人日常需主动关心并留意预授权的发生及撤销问题。在有意取消预订时，务必在规定期限内请求酒店或代理机构办理预授权撤销手续，并索要注销号码，作为取消凭证。在完成退房、退租等手续后，持卡人也应有意识地主动要求或确认相关商户立即撤销预授权，在快速恢复额度的同时消除后续可能发生的风险及损失。在收到对账单时，持卡人也应认真进行核对。发现问题或有异议，立即与发卡银行客服热线取得联系，申请调单核对。

信用卡可以进行预授权交易已经不是秘密，但许多人可能不了解，部分借记卡也同样支持预授权业务。目前除中国银行借记卡暂不支持预授权业务外，工商银行、建设银行和农业银行的借记卡均可支持预授权业务，持卡人可在需要时持借记卡进行预授权交易。尽管不少银行的借记卡支持该项业务，但由于商户的认知及操作不熟练等原因，有部分商户对持借记卡进行预授权并不认可，信用卡预授权仍是目前接受度更高的预授权交易方式。

央广财经网 2014 年 3 月 6 日消息：天津消费者徐先生 2014 年 1 月 28 日在 booking 官网上预订了两个酒店房间，并支付了 763.14 元的全款。入住时，酒店前台也确认他已支付过房费，只提示他缴纳 300 元押金即可入住。由于朋友因家中有事并没有同行，当晚他们全家只开了一间房。在办理酒店入住的过程中，酒店工作人员通过查询也确认了预定房间的信息。但酒店并没有要求办理信用卡的预授权担保，或者现金的住宿担保，只是提出要交300元押金，并说到如果客人离店之后没有消费的时候，300元钱会全额退还。徐先生一家在2月22号办理离店手续，酒店前台确认他们付齐房费且也没有其他的消费事项，并把300元押金退给了他们。然而结账离店一天后，徐先生在偶然查看账单时，惊讶地发现，酒店在2月22日“悄无声息”的又重复收取了一次房费。“我已经付清了这间房的费用，而且我们实际上是付了两间房的钱，我只开了一间房子，还是多付，这种情况下，他还能够再扣我的钱，而且是在不打招呼的情况下就私自去扣，我觉得酒店是恶意的”。徐先生感到非常气愤。酒店方面根据内部管理流程，需要至少7个工作日之后才能退款。原来，消费者徐先生在booking官网上预订房间时，留下过信用卡信息，酒店可以在客人不出示信用卡的情况下，从卡上扣除房费的规定徐先生并不知道。而且现在很多国内的卡也是不用再输入密码的。这个案例虽然属于酒店前台操作错误造成，但还是给我们大家提了个醒：离开酒店时一定要认真核对好账单和预授权撤销记录。

23. 银行卡快捷支付的使用

在网上进行支付除了支付宝、网银，很多人会选择银行卡的快捷支付，非常便利的支付方式让很多人对于这种形式相当青睐，但是也有很多人对于银行卡快捷支付方式有一定的疑惑。银行卡的快捷方式是否安全？怎样开通银行卡快捷支付？怎样关闭银行卡快捷支付？其实，不管哪种付款方式都会存在一定的风险，银行卡快捷支付方式的风险和登录个人网上银行付款的风险一样，只要用户保管好自己的支付密码、登录名、手机号，别打开陌生链接，就能保证安全使用，况且当用户的快捷支付达到一定额度或是支付宝检测可能存在风险时，会主动向用户发送手机短信进行校验服务。

记住：大家网上购物并不需要开通网银，银行卡也不需要开通网上银行。支付时绑定银行卡，开通快捷支付就可以了。

银行卡快捷支付若是在网购支付过程中进行开通，则当持卡人付款时，选择“信用卡”或“储蓄卡”选项，快捷支付中选择好需要开通快捷支付功能的银行，并点击“下一步”；按照页面提示填好相关信息，并选择“开通快捷支付”选项，然后选择“同意协议并付款”后就可完成快捷支付。登录支付宝账号、选择“账户设置”按钮、在账户设置里边找到“支付方式”，点击“支付方式”后，里边会有“快捷支付”、“余额支付”、“短信支付”选项，在快捷支付处点击添加银行卡。快捷支付绑定银行卡无需开通网银。选择银行卡类型中的“借记卡类型”并点击“下一步”按钮；填写银行卡卡号和绑定该银行卡的手机号码，还有就是支付宝必须实名认证。然后手机会收到短信校验码，确认后点击确认绑定成功。绑定成功后一般会有一些活动，比如抽取话费等活动。绑定后即可使用快捷支付功能了，不需要网银也可以购物，当然建议添加安全保护，使得支付宝钱包更加安全可靠。个人账号绑定手机号码和手机支付宝的手机宝令，每次都需要手机宝令和手机短信的校验码，这样就足够安全了。

当然，您也可以登录发卡银行网上银行开通银行卡快捷支付。目前在工商银行支持办理工行快捷支付的银行卡种类有：理财金账户、灵通卡、E时代卡、准贷记卡、贷记卡。持卡人需持有工行U盾或者动态口令卡才能从工商银行网上银行注册开通。具体操作办法是：登录工商银行网上银行，点击“个人网上银行登录”界面；输入卡号或用户名、登录密码及验证码，点击“登录”按钮；在弹出的页面中点击“缴费站”后，再点击“委托代扣”选项，点击“签订委托代扣”按钮，同时在企业所在地区选择栏选择所在城市或省的名称，点击“查询”按钮后；找到“支付宝（中国）网络技术有限公司客户备付金”页面；点击“签订”按钮后，确定协议有效；而后点击“已阅读并接受”按钮；核对用户名信息并注意协议终止日期不是必填项，不填则表示永久有效，如果输入了该日期，到时协议到期就无法支付，需要联系工行客服热线处理；确认无误后，点击“确认”按钮，而后输入U盾密码并点击“确认”按钮，核对签名信息；重新登录支付宝，在快捷支付（含卡通）频道中找到需要激活的工行卡通，根据页面提示输入您的姓名、身份证号、签约银行卡卡号及支付宝账户的支付密码，完成激活。

北京农商银行快捷支付开通的办法是：点击门

户主页上的“农商快捷支付”按钮，进入阅读并同意签订协议，点击“已阅读并接受”；北京农商银行快捷支付页面如下：选择卡用户或者存折用户，依次输入“卡（账）号”、“身份证件号”、“姓名”、“手机号”、“验证码”，点击“下一步”。北京农商银行快捷支付页面如下：输入注册信息，包括：“支付账户名”、“预留信息”、“单笔/日累计支付限额”、“交易密码”；点击“下一步”，在弹出的支付账户名页面中输入支付账户名（由4—20位区分大小写的英文与数字组合而成，不能为纯数字），支付账户名可以用来代替“卡（账）号”进行查询、支付、设置等操作；预留信息：可以为任何字符，最长为50字符长（即25个汉字），输入预留信息的作用是在客户做查询、支付等操作时于

页面显示，帮助客户识别假冒钓鱼网站；设置单笔或单日累计支付限额，自行设置支付限额，目前最高为 5 000 元；输入“账户取款密码”和获取的“短信动态码”，点击“提交”。交易密码是北京农商银行银行卡或存折的取款密码。使用快捷支付时，北京农商银行会将短信动态码发送至注册时预留的手机，供您确认支付采用。

当用户不想继续使用快捷支付的时候，按照以下操作关闭快捷支付功能：若选择登录支付宝后进行关闭快捷支付的，在导航条选择“账户资产”，“资产总览”处有“账户通”，找到需要关闭快捷服务的银行卡；选定要关闭的快捷支付的银行卡，点击“管理”，进入“银行卡详情”界面。关闭快捷支付时，点击“删除”按钮；点击跳出来的提示中的“确定”按钮，跳出密码输入对话框，再次输入支付密码，然后点击“确认”，跳出“成功删除……”的提示。关闭快捷支付完成。若是在登录相关发卡银行网上银行关闭快捷支付方式的，开卡银行属于工商银行的，登录工行网上银行，点击“缴费站”—“委托代扣”—“我的委托代扣”、“终止”；开卡银行属于邮储银行的，登录邮储个人网银，点击“申请开办”—“网上支付通”—“签约撤办”；开卡银行属于中信银行的，登录中信网上银行，点击“转账支付”—“卡通支付”—“撤销签约”；开卡银行属于光大银行的，登陆光大银行个人网上银行，选择“缴费支付”—“电子支付”—“支付签约管理”，根据账号选择点击“协议支付”列的“开通/关闭请按此键”操作；开卡银行属于华夏银行的、登录华夏网银、在“客户中心”项下选择“支付宝卡通”—“支付宝网上自助解约”，并在阅读同意相关风险提示后点击“继续解约”；开卡银行属于中国银行的，登录中国银行网银，选择“电子支付”—“协议支付”—“签约关系查询”—“解约”按钮。以上银行除中国银行外，其他银行柜台签约客户需到银行柜台办理撤销手续。

快捷支付在使用中的最大安全隐患就是银行卡的密码必须妥善保管，否则后患无穷。网购达人小林说起丢失的2 000元钱觉得很有些不可思议：自己网购10年了，从来没出过问题，这回银行卡里的钱怎么就莫名其妙被盗了呢？1月6日晚，她在网上拍了一条标价1 000多元的裙子，用支付宝快捷支付付款时，却发现输入支付密码怎么都不对。她以为是电脑刚做完系统，有些小毛病就没有在意。随后，她在电脑上修改了支付宝的支付密码。不一会儿，小林的手机收到了一条验证码短信，可由于当时太晚了，小林睡着了。第二天上午看到短信后，她觉得不对劲，赶紧上网查看支付宝余额和网银，发现网银里的钱通过快捷支付被转走了8笔，7笔199元，1笔190元，支付宝内的200多元余额也一起不见了。小林赶紧打电话挂失银行卡，就在打电话的过程中，又有两笔转账发生，被划走200元。这也太猖狂了，正打电话挂失钱就被刷走了，感觉银行卡瞬间被别人控制，太吓人了。小林说，她很少在支付宝账户里存钱，当天支付宝账户里的钱也不多，就200多元。平时付款，她都选择支付宝的快捷支付（含卡通）服务，只有第一次使用支付宝快捷支付时，需要通过银行卡资料验证和手机动态验证码。之后再次购物时，只要输入支付宝支付密码，绑定银行卡的快捷支付便可以直接付款。谈起被盗刷的遭遇，小林的支付密码至少被盗了两次！当小林第一次发现支付密码提示错误时，证明支付密码已经被盗。但她当时没想到快捷支付会出问题，这时被人划走了8笔款。等改完密码，第二天在小林挂失银行卡的过程中，又被盗走两笔款，说明支付密码再次被盗。挂失银行卡后，小林立即报了案。但对于追回损失，警方认为可能性很小。如果要查询钱的去向，必须得到淘宝网所在地杭州查询，这样的案件办起来也是十分麻烦。

各银行快捷支付限额见表9、表10。

表9　截至2015年度国内主要商业银行信用卡快捷支付限额数据表

商业银行	各场景限额		
	虚拟交易（如手机充值等）生活应用（如水电煤缴费）	实物交易	实名类交易（如：买机票/火车票/彩票）
工商银行	单笔5 000元、单日5万元、单月5万元	单笔5 000元、单日5万元、单月5万元	单笔5 000元、单日5万元、单月5万元
农业银行	单笔2万元、单日2万元、单月20万元	单笔2万元、单日2万元、单月40万元	单笔2万元、单日2万元、单月40万元
建设银行	单笔5 000元、单日5万元、单月5万元	单笔5 000元、单日5万元、单月5万元	单笔5 000元、单日5万元、单月5万元
中国银行	单笔2万元、单日2万元、单月20万元	单笔2万元、单日2万元、单月40万元	单笔2万元、单日2万元、单月无限额
平安银行	单笔2万元、单日2万元、单月20万元（每日30次）	单笔2万元、单日2万元、单月40万元（每日30次）	单笔2万元、单日2万元、单月无限额（每日30次）
交通银行	单笔2万元、单日2万元、单月5万元	单笔2万元、单日2万元、单月5万元	单笔2万元、单日2万元、单月5万元
招商银行	单笔3万元、单日3万元、单月20万元	单笔3万元、单日3万元、单月40万元	单笔3万元、单日3万元、单月无限额

续表

商业银行	各场景限额		
	虚拟交易（如手机充值等）生活应用（如水电煤缴费）	实物交易	实名类交易（如：买机票/火车票/彩票）
浦发银行	单笔3.5万元、单日3.5万元、单月20万元	单笔3.5万元、单日3.5万元、单月40万元	单笔3.5万元、单日3.5万元、单月无限额
邮储银行	单笔2万元、单日2万元、单月5万元	单笔2万元、单日2万元、单月5万元	单笔2万元、单日2万元、单月5万元
兴业银行	单笔3万元、单日4万元、单月20万元	单笔3万元、单日4万元、单月40万元	单笔3万元、单日4万元、单月无限额
广发银行	单笔3万元、单日3万元、单月20万元	单笔3万元、单日3万元、单月40万元	单笔3万元、单日3万元、单月无限额
华夏银行	单笔5 000元、单日5万元、单月20万元	单笔5 000元、单日10万元、单月40万元	单笔5 000元、单日无限额、单月无限额
民生银行	卡额度	卡额度	卡额度
光大银行	单笔5万元、单日5万元、单月20万元	单笔5万元、单日5万元、单月40万元	单笔5万元、单日5万元、单月无限额
中信银行	卡额度	卡额度	卡额度

资料来源：支付宝网站。

表10　　截至2015年度国内主要商业银行借记卡快捷支付限额数据表

商业银行	各场景限额		
	虚拟交易（手机充值）、生活应用（水电煤缴费）、转账到银行卡、还他人信用卡、转账到账户	实物交易、还本人信用卡	实名类交易（买理财/买保险/买房；买机票；还贷款）支付宝账户充值 项目金额可累计
中国银行	单笔1万元、单日1万元、单月20万元	单笔1万元、单日1万元、单月40万元	单笔1万元、单日1万元、单月无限额
农业银行	单笔1万元、单日1万元、单月20万元	单笔1万元、单日1万元、单月40万元	单笔1万元、单日1万元、单月20万元
工商银行	单笔5 000元、单日5万元、单月5万元	单笔5 000元、单日5万元、单月5万元	单笔5 000元、单日5万元、单月5万元
交通银行	单笔1万元、单日1万元、单月2万元	单笔1万元、单日1万元、单月2万元	单笔1万元、单日1万元、单月2万元
建设银行	单笔5 000元、单日5万元、单月5万元	单笔5 000元、单日5万元、单月5万元	单笔5 000元、单日5万元、单月5万元
平安银行	单笔5万元、单日5万元、单月20万元	单笔5万元、单日10万元、单月40万元	单笔5万元、单日无限额、单月无限额
中信银行	单笔5万元、单日5万元、单月20万元	单笔5万元、单日5万元、单月40万元	单笔5万元、单日5万元、单月无限额
光大银行	单笔5万元、单日5万元、单月20万元	单笔5万元、单日5万元、单月40万元	单笔5万元、单日5万元、单月无限额

续表

商业银行	各场景限额		
	虚拟交易（手机充值）、生活应用（水电煤缴费）、转账到银行卡、还他人信用卡、转账到账户	实物交易、还本人信用卡	实名类交易（买理财/买保险/买房；买机票；还贷款）支付宝账户充值 项目金额可累计
浦发银行	单笔3.5万元、单日3.5万元、单月20万元	单笔3.5万元、单日3.5万元、单月40万元	单笔3.5万元、单日3.5万元、单月无限额
招商银行	单笔5万元、单日5万元、单月20万元	单笔5万元、单日5万元、单月40万元	单笔5万元、单日5万元、单月无限额
广发银行	单笔3万元、单日3万元、单月20万元	单笔3万元、单日3万元、单月40万元	单笔3万元、单日3万元、单月无限额
邮储银行	单笔5 000元、单日5 000元、单月20万元	单笔5 000元、单日5 000、单月40万元	单笔5 000元、单日5 000元、单月无限额
民生银行	单笔5万元、单日5万元、单月20万元	单笔5万元、单日5万元、单月40万元	单笔5万元、单日5万元、单月无限额
兴业银行	单笔5 000元、单日5 000元、单月20万元	单笔5 000元、单日5 000、单月40万元	单笔5 000元、单日5 000元、单月无限额
华夏银行	单笔1万元、单日1万元、单月20万元	单笔1万元、单日1万元、单月40万元	单笔1万元、单日1万元、单月无限额

资料来源：支付宝网站。

24. 不让孩子做“卡奴”

2014年6月，上海一户三口之家烧炭自杀，年过花甲的老夫妇及年仅25岁的儿子无一幸免，死因系信用卡透支无力偿还。一家人欠债走投无路“烧炭赴死”，听起来很悲壮，但问责的方式是对相关银行罚款。原来这家人共有10多张信用卡，且总透支额度高达50多万元。发卡银行存在着未依法核准申请人资料真实性、过度授信、异常交易管控不力等多项违规。上海银监会的处罚决定显示，该发卡银行在当事人张某申请信用卡时，未经核实，就发了额度为10万元的信用卡，而且10张信用卡共有50万元的透支额度，显然违反了“刚性扣减”的原则。即使这一家三口每个人的信用额度为10万元，三个人加起来也不过30万元，50万元的透支额度显然不合理。

其实，上海“卡奴”烧炭自杀案，仅仅是近些年日益壮大的“卡奴”队伍的一个缩影。卡奴是指使用大量的信用卡，但负担不起缴款金额或是以卡养卡、以债养账，甚至一直在还利息钱的人。卡奴在中国大陆民间主要作讽刺或自嘲使用。“卡奴”一词最先源于台湾，是指没有能力偿还透支信用卡的卡民。台湾金融主管部门将无力偿还银行最低还款额，且连续3个月未能还款的人定义为“卡奴”。银行间为争夺客户“滥发”信用卡，使很多没有足够支付能力的人也拥有信用卡。由于利滚利，不少人每月收入甚至不够支付利息，有些人一时还不起，就“拆东墙补西墙”，办多张卡。持卡人狂购物乱刷卡这是造成“卡奴”现象出现的根源。

在国内广大地区，目前信用卡的主要使用者还是集中在年轻人和中年人身上。35%的信用卡使用

者集中在上海、广州、深圳、北京四个大城市。银行的大力推广及信用卡市场的集中性使很多人手里都有不止 1 张信用卡。上海某调查机构对上海信用卡使用者开展的调查显示，有 26.4% 的人承认自己每月薪水用到 1 元不剩，是典型的“月光族”。并且由于对消费、收入以及负债不能很好的调节，有 32.5% 的人担心自己会因为过度消费而步入“卡奴”行列。年轻人本来就容易冲动消费，喜欢时髦的东西。很多年轻人懵懵懂懂就刷卡上瘾了，很自然就成了“卡奴”，而且年轻人大多是独生子女，独生子女都容易被家里惯着，虽然收入不高，但是花钱可比父母大手大脚多了，这样的人可能就会成为“卡奴”。

在我国香港地区，有调查显示同一时间港人平均有 3.5 张信用卡，少数人更多达 10 张。半数受调查者只清还部分卡数，有近 30% 仅缴付最低还款额。随着各种信用卡泛滥发行，并推出各种刺激消费的奖励措施，背负巨额信用卡债务，每月仅缴付最低还款额的持卡人越来越多。香港大学进行调查访问了 500 名 18 岁以上、曾经拖欠信用卡还款的成年人。调查发现，受访者每月平均透过信用卡消费签账 7 000 多元，然而半数受访者仅清还了部分卡数，当中 29% 只缴付了卡数 5% 的最低还款额，不断滚存的卡数和利息加重了受访者的还款压力。

美国是一个崇尚超前消费的国家。根据洛切斯特理工学院金融教授罗伯特·曼宁的统计，3 亿美国人平均每人欠账 3.1 万美元。美国人的超前消费已经变成了这个国家的一种文化，他们是按自己有多少信用额度来消费，而不是依据自己的收入花钱。信用卡已经成为美国人生活中不可或缺的一部分，从日常购物、外出旅游到餐厅付账都可用它记账，其使用频率及额度已经凌驾于现金交易之上。根据《华盛顿观察》的统计，美国 75% 的家庭拥有信用卡。每个家庭平均拖欠信用卡款项达 7 200 美元。沉重的信用卡债务也成了影响美国人家庭生活的一个主要因素。

卡奴的产生，除了经济、社会成因之外，个人理财能力的欠缺也是一个方面：他们过分地透支了自己的支付能力。“提前享受生活”、“花明天的钱圆今天的梦”，贷款买车、贷款买房、信用卡透支消费正成为很多年轻人生活中的习惯行为。一项有关国内年轻人消费观念的调查表明，有 57% 的人表示“愿意用明天的钱做今天的事”。时尚带来的虚荣心，提前消费产生的快感，使信用卡在各个现代化大都市里，变成了时尚一族甚至是普通工薪阶层、学生一族都不可或缺的“必需品”，就像时下流行的手机，人手一部甚或多部。很多人拥有了一张、两张甚至更多的信用卡。卡民数量日益庞大，而卡奴族群也在日益壮大中。每次刷卡的时候总是觉得很痛快，可是却没有考虑等到扣款那一天刷的钱就是自己挣到的钱了。同样是刷卡，但是刷了之后的效果是不一样的，以前刷借记卡，花的是已经挣到手的钱，而刷信用卡，花的是以后的钱。因为看不见实实在在的数字，所以就没有了心痛的感觉。很多人有这样一种感觉，购买一件可有可无的物品，如果要自己从口袋里掏出现金，一定会权衡利弊，甚至会放弃；但是如果是刷卡支付，则会很爽快的接受。在他们心里，刷卡并不心疼，但是要把一张张的钞票数出去，则会有些不舍。这就是人的心理。

有人说信用卡的循环利息，其实就是雪地里滚雪球，越滚越大。很多人认同使用银行卡是一种进步的观点，再加上银行推出的刷卡有积分的活动，让越来越多的时尚人士加入到持卡一族的行列。信用卡作为一种个人金融业务产品，迅速在年轻人中得到普及，使用信用卡已经成为比较流行的支付方式，但由于很多人不懂得量入为出的道理，甚至有人将依次借债视为提前享受生活的方式，他们办有不同银行的信用卡，还有人一口气办了十几张，为的就是以卡养卡，这种貌似时尚的理财之道，实则已坠入复息的恶性循环中，最终只有欠款数额不断增加。无度使用信用卡容易陷入以债养债的恶性循环，让自己陷入到卡奴的怪圈里不能自拔。日益增多的卡奴背后，逐渐浮现信用卡存在的隐患。

才上班两年的姜小姐是铁杆超前消费迷，在她的观念中，刷卡消费就是用别人的钱充实自己的生活。这在她最初透支第一张卡，又能即时还款时，她确实得到比别人快又多的享受。但是，随着她超前消费意识的日益膨胀、市场诱惑日益增大的境况下，仅仅透支一张卡已远远不能满足她的需求。为了在免息期内可以支付第一张信用卡的欠款，她又在另外一家银行申请了第二张信用卡以还清第一张卡的透支，后来又申请了第三张、第四张，如此的卡套卡形成了循环透支。而到了最后，由于透支过多，无法在免息期内还清，每个月要负担高额的利息，姜小姐也变成了一个标准的“卡奴”。每到还款的最后截止日，姜小姐就为自己之前的过度消费痛不欲生。最后，还是父母出面帮助她还清了欠银行的两万多元债务。姜小姐愧疚：上大学时就已经花了父母的近十万元钱，如今上班了，不仅不能向父母交钱，还要连累他们帮助自己还债。

家长有义务教育和培养孩子进行理财规划，有义务了解孩子的持卡消费状况，同时主动到银行办理主副卡绑定业务，控制孩子的消费欲望和消费水准。已经步入“卡奴”圈子的年轻人应尽快想到脱身的办法：尽量降低生活要求，减少不必要的消费支出，同时积极想办法增加经济收入；直接向亲人或朋友借钱以还清信用卡欠债，然后慢慢还家人或朋友的钱，至少没有利息或者利息比银行低；如果有好几张卡，应该优先还额度小的，尽量用大额度的卡还清小额度的卡的欠债，这样省得都交利息；通过抵押房子或者汽车来获得银行贷款，年利率才5%左右，比信用卡债务划算多了。

目前，年轻的“卡奴”正在崛起，很多高校的一年级新生，在刚入学的时候就整个班级、整个年级被“强制”办理了信用卡。子债父还的事件屡屡发生。2014年初，一位父亲为了怕女儿坐牢，为办了13张信用卡的女儿还20多万元的卡债。2012年北京市西城区法院的个人消费贷款审判白皮书显示，信用卡纠纷案的涉案主体年龄集中在23—35岁之间，其中不少是在校大学生。同时，发卡银行过度、多头授信，是导致卡奴增加的直接原因。信用卡多头授信是指多个不同银行向同一客户发放信用卡，使客户可使用的信用额度与其还款能力严重不匹配。烧炭自杀的一家，同时获得民生银行、兴业银行、交通银行等在内的7家银行同时授信，就属于多头授信。信用卡申请的低门槛甚至无门槛，对“卡奴”的增加推波助澜。为了刺激发行量，银行过度授信、多头授信的行为也就不难理解了。过度授信、多头授信，又具体表现在商业银行信用卡申请门槛低，甚至几乎无门槛。目前大部分商业银行的信用卡申请，只需准备身份证复印件、工作证明、工资流水即可。需要财力证明（包括房产和收入证明等）这样的高门槛银行，基本上只有中国银行和农业银行。不少银行甚至可以用医保卡、社保卡等作为财产证明。

如果缺乏合理的消费观念，在校大学生使用信用卡的风险会更大。他们自己没有收入，透支信用卡以后，还是要依赖父母来还。随着信用卡的普及，各种非法套现、恶意透支的现象屡见不鲜，自制能力比较差的在校大学生，很可能加以效仿使用信用卡套现。那些衣食住行还要依靠父母的在校大学生，在受到诱惑的情况下，很可能进行大量信用卡透支。在校大学生无力偿还的背后，也潜在着巨大的信用危机。初中辍学就进入苍南县某KTV当服务员的小思在工作中与一名自称小贝的男子认识了，此后两人发展为男女朋友关系。某日，小思突然发现自己的银行卡里莫名其妙少了5万元，这让她感到非常紧张不安。当她要报警时，小贝却说钱是他转走的，只是暂时借一下，过几天就会还上。但此后小思多次讨要，小贝都以各种理由推脱，两人因此闹僵。无奈之下，小思报了警。苍南县公安局灵溪中心派出所立即展开了调查，并于灵溪将小贝抓获。原来，小贝是个典型的"卡奴"，先后办理了7张信用卡，他平时就利用信用卡的透支功能"拆东墙补西墙"，套取现金过生活。不过，随着时间推移，小贝向银行透支的欠款数额直线上升，窟窿多得已经补不上了，银行开始纷纷催讨还款，小贝觉得自己已经走投无路了。和小思交往过程中，小贝了解到小思银行卡内有一笔数额较大的存款，于是动了心思。

25.
恶意透支惹麻烦

随着信用卡越来越广泛的使用，因恶意透支信用卡产生的信用卡诈骗问题也离我们的生活越来越近。根据《中华人民共和国刑法》（以下简称《刑法》）第一百九十六条规定，恶意透支是指持卡人以非法占有为目的，超过规定限额或者规定期限透支，并且经发卡银行催收后仍不归还的行为。从法律规定来看，要构成恶意透支须同时具备三个条件：其一是在主观上要具有非法占有的故意；其二是客观行为上要超过规定限额或者规定期限透支；其三是经发卡银行催收后仍不归还。具体司法解释是：非法占有的故意是指持卡人在透支时就已经意识到不会去归还财物，主要是与善意的透支相区别。如果持卡人在使用信用卡时就已经准备好了要还款，但因客观原因无钱偿还信用卡欠款，则不应作为犯罪处理。至于透支时持卡人主观上是恶意还是善意，根据《最高人民法院、最高人民检察院关于办理妨害信用卡管理刑事案件具体应用法律若干问题的解释》的规定，持卡人明知没有还款能力而大量透支且造成无法归还的；肆意挥霍透支的资金且无法归还的；透支后逃匿、改变联系方式，逃避银行催收；或者抽逃、转移资金，隐匿财产，逃避还款；或者使用透支的资金进行违法犯罪活动的都属于恶意。客观行为上的超过规定限额或者规定期限透支的司法解释是：透支限额是指发卡银行规定的持卡人可使用的超过其实际存款余额以上的最高限额，包括单笔透支限额和月累计透支限额两种。超过限额透支的，发卡银行随时都可以催收；超过规定期限的透支，对于透支的还款期限发卡银行有规定，若透支超过规定的还款期限，发卡行就可以进行催收。对经发卡银行催收后仍不归还的司法解释，《最高人民法院、最高人民检察院关于办理妨害信用卡管理刑事案件具体应用法律若干问题的解释》给出的明确规定是，经发卡银行两次催收后超过 3 个月仍不归还的，应当认定为刑法第一百九十六条规定的“恶意透支”。

有一段时间，江西某实业公司老总伍某的钱袋里装满了各家银行的信用卡，并疯狂地在南昌各大商场透支购物，结果却无力偿还。银行控告其在两年多的时间里，通过办理的 11 张信用卡恶意透支 27 万余元，法院因此判处其有期徒刑 11 年。年仅 29 岁的伍某，所经营的江西某实业公司，实际就是一个空壳公司。据招商银行向办案单位出示的证明显示，伍某先后在招商银行用其个人名义申请的信用卡就达 7 张。伍某从 2006 年 1 月 29 日开始，使用这 7 张信用卡在南昌太平洋购物广场、知名品牌专卖店内购买衣裤等物品，透支最多的一次达到 4 万元，最少的也在千元以上。在不到一年的时间内，伍某在招商银行透支的金额达到 152 108 元。从法院刑事判决书上看到，遭遇伍某信用卡疯狂透支的并不只招商银行一家。2003 年 5 月，伍某向中国工商银行南昌经纬支行申请了信用卡，之后大肆透支消费51 337元。法院还查明，在2005年2月1日、3月29日，伍某分别向中国银行江西分行、交通银行南昌分行申请信用卡，之后在该两家银行分别透支26 253元、39 986万元。

从法院受理的信用卡恶意透支案件来看，信用卡恶意透支的主要类型有：持卡人以极高的频率，在相距很近的银行营业网点反复支取现金，在短期内占据银行大量资金；持卡人向多家银行提出申请，多头开户，出现多重债务，最终导致无力偿还；持卡人利用通讯设备还不发达，跨区域取现信息不能及时汇总，紧急止付通知难以及时送达的现状，在全国范围流窜作案；持卡人间相互交叉，连锁担保，分别在不同银行申办信用卡，或者持卡人与特约商户工作人员互相串通，以假消费方式套取银行资金，或者持卡人与银行员工内外勾结进行信用卡透支。

目前国内信用卡恶意透支风险的成因多种多样，从发卡银行的角度而言，一是对于申领信用卡的审核不严，部分发卡银行为追求发卡数量而使申领人的资信调查流于形式，而且对于申领人的真实身份没有通过多种方式核实，未能有效遏制以虚假身份证明骗取银行信用的行为。二是信用卡的担保手续往往流于形式。三是对于因信用卡透支造成的不良资产催收不力。透支户众多，住所分散，而发卡银行工作人员有限。同时，银行还很难得到公安机关的积极配合。

需要强调的是，刑法实施细则所解释的信用卡恶意透支的数额是指拒不归还和尚未归还的款项，不包括滞纳金、复利等发卡银行收取的费用。恶意透支，数额在1万元以上不满10万元的，应当认定为《刑法》第一百九十六条规定的“数额较大”；数额在10万元以上不满100万元的，应当认定为《刑法》第一百九十六条规定的“数额巨大”；数额在100万元以上的，应当认定为《刑法》第一百九十六条规定的“数额特别巨大”。《刑法》规定：进行信用卡诈骗活动，数额较大的，处五年以下有期徒刑或者拘役，并处二万元以上二十万元以下罚金；数额巨大或者有其他严重情节的，处五年以上十年以下有期徒刑，并处五万元以上五十万元以下罚金；数额特别巨大或者有其他特别严重情节的，处十年以上有期徒刑或者无期徒刑，并处五万元以上五十万元以下罚金或者没收财产。

汕头市潮阳区海门镇男青年黄某因做生意需要周转资金，2012年7月他向民生银行汕头分行申领了一张信用额度为1万元的信用卡，并多次进行透支取款及消费。2013 年 3 月，黄某因需要更多周转资金，又向该行申请办理一张信用额度 1 万元的分期信用卡并激活透支取款，期间他陆续归还了银行欠款。同年 9 月，因该卡的信用额度已提高至 5 万元，该银行重新发放了一张分期信用卡给黄某，黄某领卡后同样激活该卡进行透支消费。2013 年 11 月至 2014 年 8 月期间，民生银行汕头分行工作人员先后 20 次打电话向黄某追讨欠款，但他始终没有还清欠款，其所持的信用卡最后一次还款在 2014 年 4 月 1 日，归还银行欠款 2 000 元；分期信用卡最后一次还款在 2014 年 3 月 24 日，归还银行欠款 9 300 元。截至 2014 年 8 月 11 日，黄某使用的信用卡结欠 11 610. 97 元、分期信用卡结欠 44 562. 65 元。黄某上述欠款均超过 3 个月不归还，其中恶意透支 35 912 元。2014 年 8 月 16 日，民生银行汕头分行信用卡中心向汕头市公安局潮阳区分局经侦大队报案。该大队民警经侦查发现信用卡诈骗犯罪嫌疑人黄某在潮阳区文光塔附近落脚，当天即将其抓获归案。2014 年 8 月 20 日，黄某将上述信用卡透支款项全部还清。鉴于黄某能如实供述自己的罪行，且在公安机关立案后法院判决宣告前偿还全部透支款息，故依法从轻处罚，判处黄某有期徒刑 1 年，并处罚金 2 万元。

26. 信用卡给我们带来的最大实惠

应该说，信用卡的诞生就是基于信用平台基础。最早发行信用卡的机构并不是银行，而是一些百货商店、餐饮店、娱乐厅和加油站。1915 年起，美国的一些商店、餐饮店为了更好的招徕顾客、推销商品、扩大营业额，有选择地在一定范围内发给顾客一种类似金属徽章的信用筹码，后来演变成为用塑料制成的卡片，作为客户购货消费的凭证，开展了凭信用筹码在本商号、公司或加油站购货的赊销服务业务，顾客可以在这些发行筹码的商店及其分号赊购商品，约期付款。这就是信用卡的雏形。有一天，美国商人弗兰克·麦克纳马拉在纽约一家饭店招待客人用餐，就餐后发现他的钱包忘记带在身边，因而深感难堪，不得不打电话叫妻子带现金来饭店结账。于是麦克纳马拉产生了创建信用卡公司的想法。1950 年春，麦克纳马拉与他的好友施奈德合作投资 10 000 美元，在纽约创立了大来俱乐部（Diners Club），即后来的大来信用卡公司的前身。大来俱乐部为会员们提供一种能够证明身份和支付能力的卡片，会员凭卡片可以记账消费。但在今天看来，这种无须银行办理的信用卡仍属商业信用卡的范畴。1952 年，美国加利福尼亚州的富兰克林国民银行首先发行了银行信用卡。1959 年，美国的美州银行在加利福尼亚州发行了美州银行卡。此后，许多银行加入到发卡银行的行列。到了 20 世纪 60 年代，信用卡很快受到社会各界的普遍欢迎，并得到迅速发展。信用卡不仅在美国，而且在日本、加拿大乃至整个欧洲都盛行起来。20 世纪 70 年代开始，中国香港、中国台湾、新加坡、马来西亚等发展中国家和地区，也开始推广使用信用卡。

商业银行向客户提供信用卡的实质是通过信用卡媒介向众多客户发放贷款，这对于银行来说是较简单的一件事，而对客户来说则比较方便。由于信用卡是可以循环使用信用额度的，客户不必每次都到银行去申请贷款就可以借款、还款、再借款、再还款。只要借款总额不超过信用额度，客户即可重复借款，并可以按月分期偿还银行欠款。信用卡不仅使银行能够吸引到不住在银行附近的客户，同时，新的信用卡用户给银行其他金融产品提供了极好的发展机会。既有新的收入来源，又有新的存款来源，两方面的吸引力引发了高水平的竞争。随着越来越多的商户接受信用卡，持卡人使用信用卡也就越来越便利。反之，随着持卡人人数的增加，商户售货的机会也在增加。两者的相互促进刺激了信用卡的发展，与此同时，银行也从持卡人和商户那里得到了更多的实惠。

世界上第一张信用卡就是诞生于商户，因而商户是信用卡最大的受益者。受理银行卡对于众多商户的好处是：

（1）信用卡在方便消费者购物和消费的同时，由于没有实物现金付出的概念，再加上其免息期的规定，会刺激消费者大额采购的欲望、购物的随意性和冲动性，增加商户的销售额。统计数据也表明，使用银行卡交易的平均消费金额要高于使用现金交易的平均消费金额，这会大大地增加商户的销售量和销售额。

（2）信用卡结算比现金结算更加安全卫生。以往商户在收取现金过程中往往需要识别假钞假币，收取后需要对钞票进行清点、保管，在每日营业终了还需要将现金押解至银行，在这期间安全始终是商户需要面对的问题，通过受理银行卡则避免了现金所带来的这些安全隐患问题。同时，众所周知，现金在流通过程中不可避免地沾染上各类细菌和病毒，给消费者和收银员的身体健康带来了威胁，而受理银行卡则可以有效减少细菌和病毒的传播机会，创造了一个安全、卫生的消费环境。

(3) 使用信用卡提升了买卖结算速度。商户受理信用卡后，不仅在消费结算时速度更快，而且款项入账及时、账务清楚，方便商户对资金的调度。

(4) 有利于吸引更多的消费者前来消费。不少消费者已经习惯利用银行卡进行消费，商户接受信用卡结算，可以提供给消费者更多的方便和选择，吸引更多的新消费群体，也提升了商户形象。特别是能够受理诸如 VISA、MasterCard 国际卡结算的商户，可以吸引到更多的境外旅游者。目前，信用卡在电话、手机、互联网等购物方式中迅速推广使用，使得更多的消费者足不出户便享受到商户的多样服务。

(5) 帮助商户在不断的商战中建立优势。通过受理银行卡，商户能够收集相关消费者数据，通过对数据的分析、研究，可以制订出具有针对性的客户服务计划，开展多种形式的促销活动，和其他行业的企业结盟进行联合营销，使得商户在激烈的市场竞争中建立并强化优势位置。

信用卡对持卡人的最大好处是在没有携带现金的条件下实现结算，并且还可以透支结算金额。与此同时，信用卡的消费结算记录是个人征信记录的重要内容。很可能会在10年、20年以后，许多人需要拿这样的一个信用证明来证明您是一个诚实的人。建议现在的年轻人尽早开一个信用卡，让自己有信用记录，去有意地借一些钱来花，然后再有意地把它还掉，这样来存积您良好的信用记录。但毕竟信用卡结账是一种无现金交易，买再多的东西，轻轻一刷卡就完了，潇洒往往掩盖了过度的消费。由于大学生没有固定的收入来源，盲目使用信用卡很容易陷入“以卡养卡”的误区。最后不但要麻烦父母出面偿还欠款，还会留下信用记录污点，影响将来的信用消费。建议家长以自己的名义申请一张信用卡，同时给正在上学的孩子办一张与主卡实行绑定的附卡，主卡和附卡使用一个资金账户，这样子女可用附卡直接支付各类费用，而家长可通过每月发卡银行的对账单或通过即时短信服务，随时了解子女使用每一笔资金的情况，帮助孩子培养信用记录。